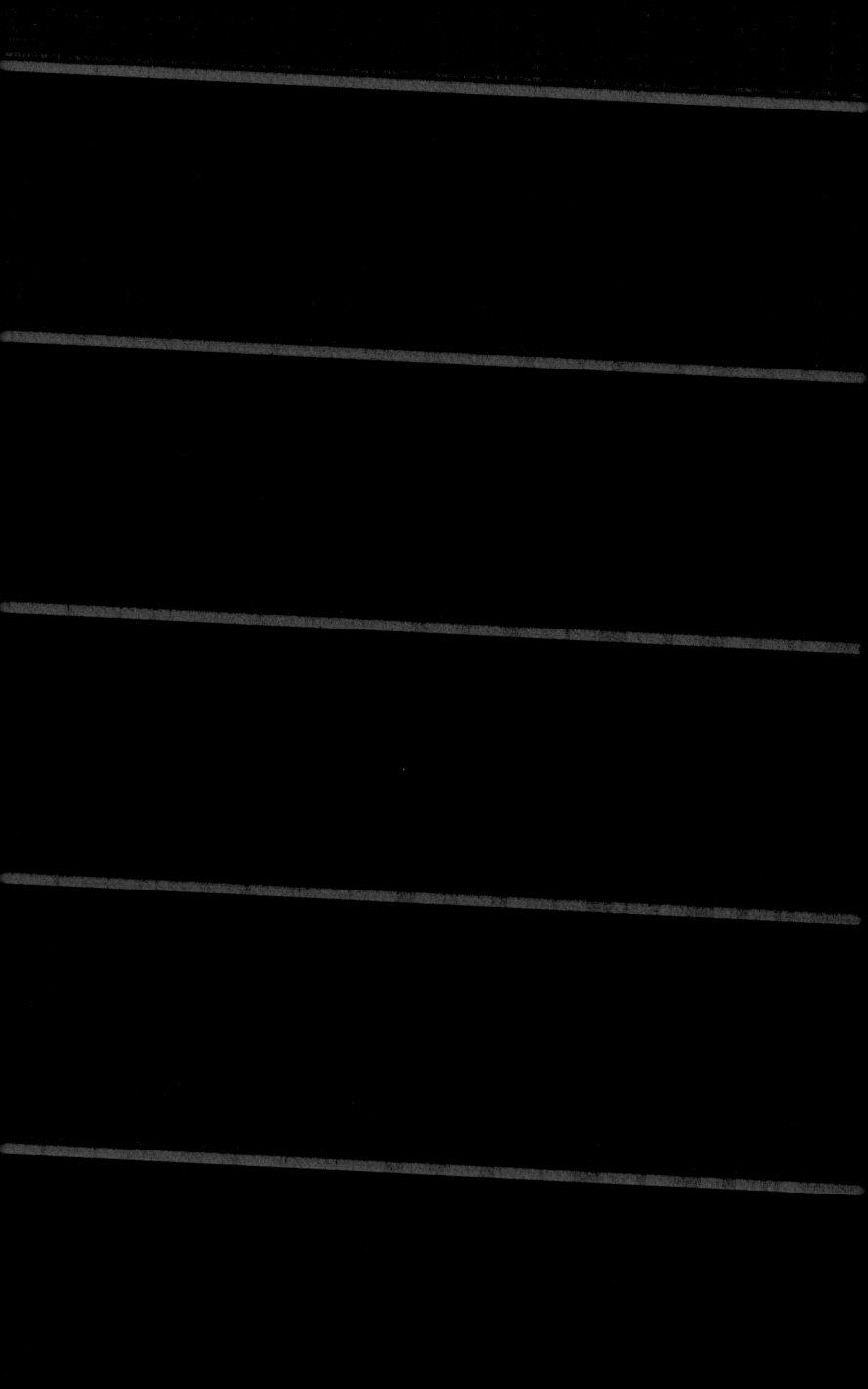

ビジネスの文法

会計、マーケティング、そして戦略

Accounting
Marketing
Strategy

杉田 英樹

萌書房

目　次

はじめに ……………………………………………………………… 003
　ビジネスの思考方法をコンパクトに学ぶ(003)／意思決定に向けた思考を解説する(004)／3つの思考を時間軸で整理する(005)／会計、マーケティング、そして戦略(007)／ビジネスの文法(008)／あらゆるビジネスパーソンの思考の"OS"(009)／言葉の使い方(010)

第Ⅰ部　会計思考──ビジネスの成果に向かう

第1章　意思決定は企業価値に向かう …………………… 013

1　金儲けが腹に落ちるか ……………………………………… 013
　金儲けは社会にとってよいことか？(013)／市場競争で社会を便利にしていく(014)／会計的利益を追求する活動がビジネス(015)／いつもお金のことばかり考えている？(015)

2　企業価値を計算する ………………………………………… 017
　決算数字が企業の評価なのか(017)／企業価値の算出方法(018)／現在価値という考え方(019)／お金は使うためにある(021)／お金の力を利用して志を実現する(022)

3　意思決定の判断基準を知る ………………………………… 023
　投資意思決定の基礎情報(023)

　❶正味現在価値(NPV) ……………………………………… 025
　正味現在価値(NPV)の計算方法(025)／割引率の設定が重要な経営判断(029)／投資意思決定の4番バッター(030)

❷ 回収期間法 …………………………………………………………… 031

いつ元を取れるかで判断する(031)／保守的な判断基準(032)

❸ 内部収益率(IRR) ……………………………………………………… 033

内部収益率(IRR)は投資案件の利回りを見る(033)／利回りがハードルレートを越えることが条件(034)

4 ローリスク・ハイリターンを追求する ………………………… 035

お金は短期志向(035)／リスクをどう考えるかが問題(036)／ハイリスク・ハイリターン(037)／リスクを引き受け、かつリスクを低減する(038)／数字とアイデアの知恵比べ(039)

第1章のまとめノート 041

第2章 ビジネスを殺さない …………………………………… 042

1 お金をぐるぐる回す ……………………………………………… 042

会計情報は究極の上司(042)／キャッシュフローはビジネスの血液(043)／キャッシュフローから見るビジネスの基本課題(045)／基本課題への目配せ(047)

2 資金調達にはコストがかかる …………………………………… 048

資金調達の方法(048)／資金調達の費用としての資本コスト(050)／資本コストの算出方法(051)／資本コストは企業のリスクを示す(052)

3 信用は両刃の剣 …………………………………………………… 053

企業が死ぬ瞬間(053)／信用のたらざるを憂うべし(055)

第2章のまとめノート 056

第3章 収益性を磨く視点 ……………………………………… 057

1 ROAという代表指標 …………………………………………… 057

2 貸借対照表と損益計算書 ………………………………………… 059

❶ 貸借対照表 …………………………………………………… 059
貸借対照表は財産目録(059)／「資産の部」の基本的項目(060)／「負債の部」および「純資産の部」の基本的な項目(064)

❷ 損益計算書 …………………………………………………… 065
損益計算書は期間の収益を示す(065)

3　収益性を分析する ………………………………………… 069
ROAを分解して収益性を分析する(069)／売上高利益率を上げる方法(070)／経験効果と標準化(074)／総資本回転率を上げる方法(074)

第3章のまとめノート　076

第Ⅱ部　マーケティング思考——顧客に視点を置く

第4章　モノを買うとはどういうことか ……………… 079

1　売上を偶然に委ねない ………………………………… 079
売上を上げる方法を考える(079)／売上の分解(080)／売上を偶然に委ねない(081)／マーケティングの定義(083)

2　未来の買い手を増やす ………………………………… 084
顧客とはなにか(084)／ブランドはあらゆる企業に必要(085)

3　売れる仕組みをつくる ………………………………… 087
マーケティングの4P(087)／セリングの必要性(089)／マーケティングはセリングを不要にする(089)／マーケティング施策と会計情報(090)

4　だれに・なにを・どのように ………………………… 092
4つのPを上手に企画すること(092)／価値の対価として売上を得る(092)／価値を見すえる(093)／顧客から見た4Cと

売り手の４Ｐ(095)／顧客ターゲット(097)／コンセプトとアイデア(098)／「だれに」を起点にするのがマーケティング思考(099)／マーケティング施策を検討する差別化の視点(101)

第４章のまとめノート 103

第５章　高く売るための発想 …… 104

1 製品——代わりのきかない価値をつくる …… 104
価値を表す言葉で語る(104)／顧客価値のチェック１：ただなら欲しいか？(105)／顧客価値のチェック２：顧客に代替案があるかどうか(105)／価値で差別化するという倫理(107)／ポジショニング(108)

2 販売促進——顧客の世界に登場する …… 109
顧客の状況に応じたコミュニケーション(109)／消費者の購買モデル(111)／新たな判断軸を顧客に提供する(112)／メディアを組み合わせて販促施策を講じる(114)

3 価格——ちょうどよい価格を追求する …… 114
価値と価格のバランス(114)／価格検討の３つの視点(115)／需要の反応の仕方で価格の設定方法が変わる(116)／価格施策はなんの努力も必要としない(117)

4 流通——買いやすさを提供する …… 118
購買の障害を除去する(118)／購買におけるさまざまな障害(119)／利便性の基準がどんどん高くなる(120)／流通施策とバリューチェーン(121)

5 競争のルールを変える …… 123
競争の有様ががらっと変える(123)／ビジネスモデルという視点(124)／他社が躊躇する領域で勝負する(125)

第5章のまとめノート　　127

第6章　顧客を見つめる……128

1　発想を広げるためのターゲティング……128

だれにとっての天秤か(128)／万人向けでよいのか(129)／ターゲティング(130)／求める価値観の違いで顧客を分ける(131)／なぜセグメンテーションが思考停止をもたらすのか(132)／トートロジーの恐れ(133)／ターゲティングで発想を広げる(134)／私たちの製品(サービス)は顧客の生活のほんの一部(134)

2　顧客の頭の中を覗く……135

創造か発見か(135)／マーケティングでは遅い？ (136)／顧客に無関心ではいられない(137)／本当の顧客志向(138)／自分のフォーマットを疑う(139)

3　リサーチは創造である……140

どこまでの曖昧さが許容できるか(140)／リサーチには仮説が必要(141)／発見とは創造である(142)／知りたいのは顧客の購買経験(142)／模倣するビジネス(144)／消費者参加型の製品開発が可能になった(145)

第6章のまとめノート　　147

第Ⅲ部　戦略思考——組織の希望を描く

第7章　希望はどのように語りうるか……151

1　戦略を構成する要素……151

希望としての戦略(151)／日産自動車の中期計画の事例(153)／戦略の構成要素(156)／理念・ビジョンと戦略の違い

(158)／会計思考との関連(160)

2　「人」を前提とした戦略 …………………………………………… 161
　競争優位の源泉は「人」(161)／投資家と事業家の違い(163)／「人」はすぐには動けない(164)

3　目標がなければ始まらない ……………………………………… 165
　戦略思考には強い意志が必要(165)／まず欠如感が要る(166)／2種類の戦略目標(167)／市場環境分析との関連(169)／意図を持つことの弊害(170)

第7章のまとめノート　171

第8章　「早さ」と「速さ」の競争優位 ……………………… 172

1　競争に関心を向ける ……………………………………………… 172
　将来の需要は「ある」ものとして考える(172)／戦略思考は競合に関心が向かう(174)／競争相手をアイデアのきっかけにする(175)

2　競争優位の実体 …………………………………………………… 176
　競争優位を築くために実行できること(176)／競争優位①　コア技術(178)／技術知識は避けては通れない(179)／競争優位②　オペレーション能力(180)／事業システムの視点(182)／強みは「早さ」と「速さ」(184)／強みは常に追いつかれる恐れがある(185)

第8章のまとめノート　187

第9章　蛸壺に入らないための市場環境分析 ……………… 188

1　代替案が戦略の質を上げる ……………………………………… 188
　人々の動機づけ(188)／戦略はいくつかの代替案から選択されたもの(189)／正確に記述することは不可能(189)／戦略は頭の中にある(190)／市場環境分析の方法(191)

2　前提としての事業領域 …………………………………… 193
事業領域とは(193)／事業領域の選定(193)／事業の拡散と絞り込み(194)／事業領域をもとにした3Ｃ定義(195)

3　SWOT分析で思考を広げる ………………………………… 196
市場環境分析の基本フレーム(196)／「強み」と「弱み」(197)／「機会」と「脅威」(199)／クロスSWOT分析(199)／市場環境認識と代替案の陳腐な関係(201)／競争の視点で思考をチェックする(202)／自社のフィルターをはずす(204)

4　戦略思考を磨く ……………………………………………… 205
企業価値を向上させる代替案を選ぶ(205)／「強み」を活かした方がリスクは少ない(206)／「弱み」をいかに克服するか(207)／戦略代替案のさらなるブラッシュアップ(208)

第9章のまとめノート　210

おわりに——思考と行動のスピードを上げよ ……………………… 211
3つの思考のつながり(211)／3つの思考の矛盾(211)／思考と行動のスピードが要求される(214)

*

参考図書　219

あとがき　223

索　引　227

ビジネスの文法
――会計、マーケティング、そして戦略

はじめに

ビジネスの思考方法をコンパクトに学ぶ

　ビジネスの根幹になる考え方をできるだけ少ない労力で学ぶ。それが本書の狙いである。

　そのためには、まず学ぶ領域を限定する必要がある。本書ではそれを会計・マーケティング・戦略の３つの分野に限定している。これらが、ビジネスを他の社会的な活動、たとえば政治的な活動、町内会の活動、あるいは趣味のサークルの活動などと比べたときの決定的な違いだからだ。

　ビジネスの端的な定義は、お金を媒介とした取引である。お金を媒介として取引を行い、その成果はどれだけ多くお金を集めたかによって測定される。このことから、取引の実績を記録し、その記録された情報を分析して活動の課題を発見する「会計」という知識体系を知ることが、ビジネスでは必須であることが導かれる。

　また、収入として得られるお金は、買い手に提供した製品やサービスの対価である。買い手が望むような製品・サービスをどのように企画し、買い手に届けるか、これは「マーケティング」の領域である。

　さらに、ビジネスは社内外の関係者が関与し、短期間でやめることができないから、活動の継続性が期待される。買い手から対価を得る活動を、将来時点に継続させる方策を考えなければならない。それが「戦略」の領域である。

お金、買い手、活動の継続。これらに対応する、会計、マーケティング、戦略の3つの分野が本書があつかう領域である。

これには異論もあるだろう。組織をまとめるマネジメントの領域は必要ないのか、組織を牽引するリーダーシップはどこへ行ったんだと。

しかし、マネジメントやリーダーシップの必要性はビジネスに限ったものではない。たとえば家庭やボランティア活動でも、行動予定を立てて実行したり、やる気を起こすように盛り上げたりすることは必要だ。これらは社会生活を送る基本のスキルであり、学校生活などを通じて学ぶ機会はたくさんある。

しかし、ビジネス特有の思考方法をしっかりと学ぶ機会はほとんどない。それゆえ、家庭や友人関係の延長線でビジネスに取り組み、苦労をしている人があまりにも多い。ビジネス特有のものの考え方、それが会計・マーケティング・戦略に端的に表れる。それが3つの分野に焦点を絞る理由である。

意思決定に向けた思考を解説する

本書は、会計・マーケティング・戦略をコンパクトに解説したものだが、それぞれの分野の基礎的な言葉を解説しただけの初歩的な解説書ではない。ビジネスの実践に役立つように、次のような工夫をしている。

その工夫の1つは、3つの分野に「思考」という2文字をつけて解説していることだ。単なる言葉の理解にとどまらず、自分なりの方法論を組み立てられる「考える力」「意思決定する力」を身につけることを目的としている。たとえば会計分野では、分析の計算方法を学ぶだけではなく、「会計的に考えるとはどういう

ことか」「会計的な判断の特徴はなにか」に触れ、意思決定において留意すべきことを解説している。

3つの思考を時間軸で整理する

　もう1つの工夫は、3つの分野をばらばらの体系と捉えるのではなく、あるいは渾然一体のものとみなすのでもなく、ビジネス課題の時間軸で整理し、統合的に解説していることだ。

　3つの思考の内容と互いの関係を簡単に概観すると、次のようになる。

①会計思考

　ビジネスのあらゆる場面での意思決定の基本的な基準は会計（お金）である（ただし、目先の儲けだけではない）。会計思考は、ムダづかいを省くといった、すぐに成果がでる簡単なコストダウン策から、効果が長期にわたる投資計画まで、ビジネス全体を考えるための基本的な思考基盤である。

②マーケティング思考

　会計はビジネスを考える基礎であるが、行動の成果目標を指し示すだけで、具体的なアイデアを生むことはない。ビジネスは買い手から対価を得る営みであるから、アイデアの源泉として私たちが視線を向けるべき対象は常に買い手である。

　マーケティング思考とは、買い手に提供する価値を定め、製品の製造などの具体的な施策に展開することに関わるものである。その企画から成果が現れるまでには一定の時間がかかるから、それは「次の成果（中期）」に向けられた思考ということができる。

〈図0.1　3つの思考が目指す成果の時間的な違い〉

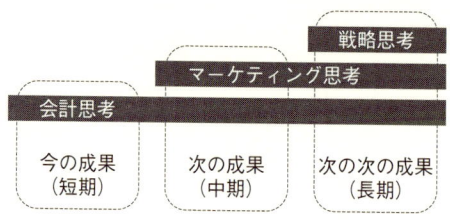

　もちろん、マーケティング思考は会計思考を基盤とする。会計的な成果目標を踏まえたうえで、マーケティング活動を企画しなければならないからだ。

③戦略思考

　マーケティング活動を支えるのが企業のリソース（経営資源）である。戦略思考は、将来のマーケティング活動に向けて、長期的な経営リソースを築くための思考である。それは、マーケティング思考よりも、遠い将来の成果（＝次の次の成果）を見すえた思考である。

　戦略思考は、会計思考とマーケティング思考を基盤とする。会計的な成果目標および買い手に向けられた視点をふまえなければ、ひとりよがりの思考に陥ってしまうからである。

　以上のことをイメージとして表現すると上記の図のようになる。ビジネスには短期・中期・長期という3つの時間軸における課題があり、会計思考・マーケティング思考・戦略思考は、それぞれに重なり合うことで課題解決の手がかりを与える。3つの時間軸における課題にどのようなアイデアをぶつけていくか、それがビジネス思考の全体像である。

会計、マーケティング、そして戦略

　これらの時間軸において強調したいのは、会計思考の基盤があって、はじめてマーケティング思考が可能であり、その上で戦略思考が成立するということだ。

　会計的な成果に向かわずにマーケティングや戦略を考えることは無意味である。また、マーケティングという買い手に向かう視線を持たずに戦略を語るのも無意味であり、さらに危険でもある。必ず、会計、マーケティング、戦略の順に思考を積み上げる必要があるのだ。本書のタイトルにあるように、「会計、マーケティング、そして戦略」なのである。

　したがって、本書の構成も次のような順番としている。

　第Ⅰ部は会計思考である。ビジネスのゴールとしての企業価値という考え方、お金の使い道の判断基準、キャッシュフローと資金調達の方法、および会計情報から収益性を向上させる課題を導く視点を示す。なお、本書では、経営学で「管理会計」「財務会計」「ファイナンス」と呼ばれる分野を会計思考の中に含めている。

　第Ⅱ部はマーケティング思考である。人がモノを買うというのはどういうことか示し、成果を上げるための差別化の方法、およびそのためにどのように買い手に眼差しを向けたらよいかを解説する。

　第Ⅲ部は戦略思考である。戦略というビジネスの希望を語るための要素はなにか、競争優位は「早さ」と「速さ」であること、および蛸壺に入らない市場環境分析の方法を示す。

　最後の「おわりに」で、3つの思考の関連と矛盾を整理し、ビジネスには思考と行動のスピードが要求されることを解説する。

ビジネスの文法

　会計・マーケティング・戦略の順番にこだわる理由はもう1つある。それは、世の中があまりに「戦略志向（"思考"ではなく"志向"）」になっていることへの筆者の危惧である。

　戦略は、ビジネスが進むべき方向を示したものであるが、ともすれば「こうありたい」という単なる願望になってしまう。また、自分たちの「強み」にこだわるあまり、失敗を恐れて大きなチャレンジができなくなってしまう。そうならないためにも、今一度会計的な成果に向かうマインドと、買い手の望みを謙虚に感じ取る姿勢に立ち戻ることが必要だという思いである。

　成果に直結する会計思考への意識を高め、成果の源泉であるマーケティング思考を鍛え、その次に組織の希望としての戦略を描く。このビジネスを考える順番は普遍的な原則であり、そのことを本書のタイトルで「文法」と称している。言語には、主語と述語など、単語を組み合わせる規則があり、私たちはその規則に従ってものを考えている。ビジネスにはビジネス特有の思考の順番があり、それが「会計、マーケティング、そして戦略」である。

　ビジネス活動の中で具体的に目にするメッセージ、たとえば「お客様第一主義」「社員を大事にする会社」などの言葉は、そのときどきの方針を主張するために強調し、あえて偏りをもたせた言葉だ。しかし、私たちはそれだけに目を向けてはならない。その背後には、必ず会計・マーケティング・戦略が一体となった「ビジネスの文法」が隠れているのだ。

　この「ビジネスの文法」は、グローバルで通用する共通の文法でもある。母国語や生まれ育った環境が違っていても、この文法に従う限り、ビジネスではコミュニケーションが可能になる。ビ

ジネスパーソンにとって、外国語習得も大切だが、それと並行してこの「ビジネスの文法」を学ぶことをお勧めする。

あらゆるビジネスパーソンの思考の"OS"

　私たちは通常、ビジネスの経験を通じて業務の専門性を身につけ、同時にビジネス全般の考え方を学んでいく。しかし、経験だけを頼りにしていると、知識、意識ともに何らかの偏りを持ってしまう。そして、役職が上がり、事業の責任を持つ立場になったときに困ることになる。経営トップに近くなればなるほど、ビジネス全体を見渡す視点が求められるからだ。

　特定の業務に精通した単なる専門家であれば、外部のコンサルタントと変わらない。組織の一員としてリーダーシップを発揮するためには、ビジネスの全体的な課題を踏まえた上で、自分の専門分野で果たすべき役割を見出さなければならない。したがって、ビジネスという営みの全体像、すなわち「ビジネスの文法」を身につけることは、すべてのビジネスパーソンに必須といってもいいだろう。

　だから、本書はできるだけ多くの人に読んでいただきたいと思っている。たとえるなら、さまざまなアプリケーションソフトを動かすための"OS（オペレーティング・システム）"のようなものだ。専門的なビジネス知識を効果的・効率的に活用するための、コンパクトに設計された基礎的なソフトウェアである。

　「ビジネスの文法」をコンパクトにインストールし、あなたのエネルギーを効率的にビジネスに投入し、ダイナミックで、わくわくするビジネスにチャレンジしてほしい。それが筆者の願いである。

言葉の使い方

　本書では、買い手に価値を提供して対価を得る活動を「ビジネス」と称している。「経営」「事業」と同じ意味で使用するが、「ビジネス」を優先して用いるのは次の理由による。

　1つは、「経営」には組織のマネジメントに重きを置いているニュアンスがあり、「ビジネス」の方が市場での取引、組織の外部との関係がイメージされやすい言葉だからである。

　もう1つは、「事業」は市場取引とは異なる「公共事業」のような用語もあるため、市場取引に限定した活動を強調したいからである。ただし、「経営分析」や「事業領域」のように、「経営」「事業」という言葉と結びついた用語が一般的な場合はそれを用いる。

　また、ビジネスを行う組織を「企業」と称し、株式会社を前提としている。「ビジネス」は活動を表し、「企業」は人の集団を表す。また、法律や会計用語などで、一般的に「会社」という言葉が使われることが多いものは「会社」と表記するが、意味としては「企業」と同等に用いる。

第Ⅰ部 会計思考
Accounting
ビジネスの成果に向かう

第1章 意思決定は企業価値に向かう

1　金儲けが腹に落ちるか

金儲けは社会にとってよいことか？

　サッカーの目的はゴールマウスにボールを蹴り込むこと。その瞬間を渇望するからこそ、ゲームプランが立てられ、全メンバーがゴールに向けて全精力を傾ける。

　では、ビジネスのゴールはなにか？　それは会計的利益、すなわち「金儲け」である。しかし、サッカーのゴールのように、金儲けを心から目指していけるのか、疑問を持つ人も多いだろう。

　ヴァージングループ会長のリチャード・ブランソン氏は「企業は単なる株主の金儲けの道具ではなく、社会を改善する存在であるべきだ」と語っている（『ニューズウィーク』日本版 2010/12/29 - 2011/1/5 合併号）。ここでは、金儲けを第一の目的とすることが否定されている。確かに一般的に金儲けのイメージはよくない。強欲、争奪、搾取といったイメージと結びつき、社会にとって決してよいものとはみなされていない。

　実際のところ、金儲けだけを行動のよりどころにできる人はきわめて稀だ。そのような人は、独特の経験を背にした強烈なハングリーさを持った人だろう。たいていの人には「おいしい食事を

提供したい」「病気の人を助けたい」「あっと驚くようなゲームを開発して人々を楽しませたい」といった、金儲けとは別の動機がある。人間が頑張るには、社会的によいことであると感じることが必要なのだ。したがって、金儲けをビジネスの目的とするには、それが社会にとってよいことだという確信につながらなければならない。では、その根拠はなんだろうか？

市場競争で社会を便利にしていく

それは、そのお金が自由意志を持つ買い手から得なければならないことによる。もしそのお金が、強制的な権力のもとに徴収されるものであれば、「お金儲け」は社会に貢献しない。それでは単なる収奪である。お金は自由な買い手と結びついて初めて社会的な意義を持つのである。市場競争により、売り手はより多くのお金を得るために、よいアイデアを積極的に広めようという動機づけが生まれる。そのことで、結果的に社会の利便性が高まっていく。それが金儲けの社会的な意義である。

買い手が自由意志によって製品やサービスを選択できるということは、売り手にとっては競争相手がいることを意味する。売り手からすれば、競争相手はいない方がよいに決まっている。しかし、競争相手がいないと、獲得した儲けが正当化できない。

売り手（自社）、買い手、競争相手、この3者が存在する場が市場である。これを英語でいうと、Company（自社＝売り手）、Customer（顧客・買い手）、Competitor（競争相手）となり、これらの頭文字がすべてCであることから、3Cと称される。3Cの場、すなわち市場での取引を通じてお金を得る行為がビジネスである。

会計的利益を追求する活動がビジネス

　このように、買い手に対する貢献を後押しするという点において金儲けは社会的に認められ、その活動を支援する株主の利益も正当化される。金儲けのエネルギーをうまく利用することで、私たちの社会的な活動を活発にすることができるのである。

　社会貢献は、ビジネスという制度を借りなくても可能である。国家や自治体の活動もあれば、ボランティア活動もある。ビジネスをビジネスたらしめているものはやはり「金儲け」の部分である。金儲けのエネルギーを利用して社会貢献をする活動といってもよい。そもそも、お金（貨幣）という道具ができて、商品の取引が飛躍的に活発になり、ビジネス活動というものが現れた。狩猟や農耕の収穫高のばらつきを克服するために富を蓄積し、将来に備えるという「戦略的」な発想も生まれた。お金の存在が、ビジネスそのものを生み出したのである。

　ここで、ここまで論じてきたビジネスの目的はなにかという議論をひっくり返し、「会計的利益を追求する活動をビジネスと呼ぶ」ことにしよう。世の中のあらゆる組織体は、社会に貢献するなにがしかの質的な価値を担っている。ビジネスは、そこに「金儲け」というルールを入れることで、活動を活性化させる工夫を持った1つの社会制度なのである。

　したがって、ビジネスを学ぶということは、上手にお金を使う方法を学ぶということなのだ。私たちはお金に関心を持ち、その性質を知り、自在に操るスキルを身につけなければならない。

いつもお金のことばかり考えている？

　言われなくてもいつもお金のことばかり考えているよ、という

人もいるだろう。確かに、筆者が営業担当者だったときは、売上、利益、返品、在庫、納入掛け率、経費などなど、数字でがんじがらめだった。女性下着という、なかなかロマンチックな商品を販売していたのだが、頭の中は数字のみ。ロマンのかけらもない日々だった。

毎月の売上予算があり、予算を達成するかどうかで天国にも地獄にもなる。月末近くになって予算が未達のときは、誰がどうやってそのギャップを埋めるか、延々と会議をしていたものだ。課としての目標予算から1,000万円足りないとなれば、1,000万円を課員のノルマにどのように配分するかを決めるまでは帰れない。大きな金額が割り当てられると、結果として未達に終わるのは明らかだ。個人の人事評価に関わるから、気前よく引き受けるわけにはいかない。重苦しい空気だけが流れていく。

このような会議のアウトプットは、多くの場合予算の配分である。「じゃあ、後3日でAさんは500万円、Bさんは300万円の売上をお願いします」ということで、会議はようやく終了する。問題は、その売上目標を実現するアイデアが十分に議論されないことだ。このような数字の配分はあくまで目標の設定である。目標の意義は、そこからどのようなアイデアを生み出し、行動につなげるかということにある。会計目標は、アイデアの裏づけがないとナンセンスなのだ。

逆に、ある機会が訪れたとき、あるいは新たなアイデアを思いついたときに、期待できる成果をお金に換算できない場合がある。たとえば、店舗の改装に伴う売上増がどの程度見込めるか。新たな販促方法を思いついたが、それによりどの程度売上が伸び、どこまでの経費をかけることができるか。漠然とした「よいアイデ

ア」は、アイデアの卵にすぎない。それを孵化させるには、数字に換算しないといけないのだ。

　アイデアのない単なる予算の割り振り、効果が金額換算できないアイデア、これらはアイデアと数字が分断されているという点で同じ病である。数字とアイデアが結びついていないのである。ビジネスでは、数字からアイデアを生む、アイデアを数字に置き換えるという両方向の思考が必要となる。アイデアと数字の両者がそろってはじめて意味を持つ。

　数字だけが先行する組織。アイデアを語る言葉だけが踊る組織。どちらも思考が不全の状態である。数字というシンプルな言葉と、アイデアを表現する豊饒な言葉の間を自由に行き来しなければならないのだ。

2　企業価値を計算する

決算数字が企業の評価なのか

　ビジネスは会計的利益を追求する。ここから、その具体的な評価指標を考えていこう。

　企業は1年以内に決算をし、生み出した利益を確定させるとともに、税金を支払う義務を負っている。この決算数字が、一般的に企業の業績として新聞紙上をにぎわせる。「経常利益」や「当期純利益」が、企業の活動実績を示していることに疑いはないであろう。

　しかし、決算の数字だけが企業の評価を決めるかというと、そうではない。決算数字は過去の情報である。私たちが企業を評価するとき、決して過去の業績だけを見ているわけではない。

直近の決算成果は立派だが、ある不祥事を起こして、これから
のビジネスの見通しが全く立たなくなった会社を考えてみよう。
あるいは、何十年と好業績を続けた企業が、技術開発に遅れ、競
争力のある新製品が出せなくなってしまったような事態を考えて
みよう。もちろんこのような企業を高く評価することはできない。
企業を評価する目線は常に将来に向けられているからだ。
　私たちが知りたいのは、これから将来にわたりどれだけお金を
稼ぐ力がありそうかという、将来の可能性である。その可能性を
吟味して、その会社との取引や投資を判断する。決算で示された
成績は確かに企業活動の評価指標の一部にはなりうるが、すべて
ではない。入社試験において、学業の成績が、応募者の評価をズ
バリ表したものではないのと同様である。テストの点数はこれま
での知識を測ったものにすぎない。将来活躍できそうかどうかが
問題なのだ。
　求めたいのは、将来にわたる利益、すなわち今年はこれだけ儲
かる、来年はこれだけ儲かる、その次の年はこれだけ儲かる、と
いう見込み額を足し算してはじき出した数字である。それを「企
業価値」と呼ぶ。企業価値は、企業が営むビジネスの将来利益の
期待値合計である。

企業価値の算出方法
　さて、企業価値の理屈は分かったが、そんなことが計算できる
のか？　という疑問があるだろう。
　もちろん、将来の話なので、正確なところは誰にも分からない。
しかし、実際の企業買収において、買収される企業がどの程度の
価値を持つか、すなわちどの程度の利益を将来生み出すかは具体

的に計算されている。その企業が活動している市場の成長率、その中での想定シェア、売上と費用のバランスである利益構造などから、企業価値は具体的な数値として算出される。今年度予想される利益、来年度の利益、再来年度の利益、といった具合に、おおよそ想定される将来までの利益を算出し、合計する。

あなたの企業ではどうだろうか。来年は今年よりも利益が上がるだろうか、下がるだろうか。その次の年はどうだろうか。細かく考えていけば、ある程度の数値化はできるはずである。だんだんと遠い将来のことになると、不確実性が高まっていく。そのために今どんな手を打っているだろうか。その打ち手が妥当とみなされれば企業価値は高くなり、効果がないとみなされれば、ムダに費用をかけたとして企業価値は低くなる。

現在価値という考え方

さて、企業価値は将来にわたり期待される利益の合計値であるが、単純に足し算するだけでは不十分である。それは、現在のお金は、将来受け取るお金よりも価値が高いという考え方があるからだ。

たとえば、現在の100万円は1年後の100万円よりも価値があると考える。現在の100万円を銀行に預けると、なんの努力もせずとも1年後には利子が付いて100万円＋aの金額になる。このことは、今の100万円と1年後の100万円＋aは同等の価値を持つことを意味する。

逆に、1年後の100万円は、現在の価値に換算すると100万円よりも小さい金額になる。このことは、将来の100万円の「現在価値」は、100万円よりも低いと表現される。

〈図1.1　現在の価値と将来の価値〉

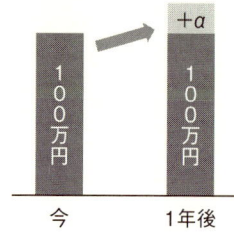
今の100万円は、1年後の100万円＋αに等しい

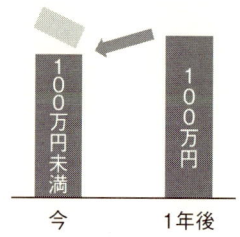
1年後の100万円は、今の100万円より少ない

　このように、お金の世界では、同じ100万円でも、いつ手にするかがきわめて重要なのである。すなわち、いつ利益が上がるかという「時間」を考慮しないといけないのだ。

　企業価値の算出においても、1年後の利益は、今ただちに手にする利益よりも低く割り引いて計算するのが合理的である。一般的には、一定の割引率を設定して、その割引率の分、期待利益を割り引く方法が採られる。たとえば、割引率を5％とすれば、1年後の利益の現在価値は、

$$\frac{1年後の利益}{(1+0.05)}$$

で計算される。また、2年後の利益に対しては、割引率が複利として利いてくる。割引率を5％とすれば、$(1+0.05)^2=1.1025$ が2年後の利益に対する割引率になる。

$$2年後の利益の現在価値 = \frac{2年後の利益}{(1+0.05)^2} = \frac{2年後の利益}{1.1025}$$

　このような計算を繰り返し、毎年の期待利益の現在価値を足し算したものが、企業価値である。

〈図1.2　現在価値による企業価値の計算〉

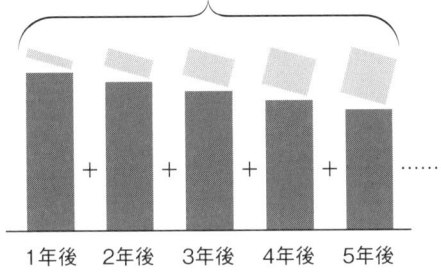

$$企業価値（現在価値）= \frac{1年後の利益}{(1+割引率)} + \frac{2年後の利益}{(1+割引率)^2}$$

$$+ \frac{3年後の利益}{(1+割引率)^3} + \cdots + \frac{n年後の利益}{(1+割引率)^n}$$

　これがビジネスの価値を決める計算式であり、この値をできるだけ向上させることが活動の目的になる。

お金は使うためにある

　企画書作成作業を効率化するために新たなPCソフトを買うべきかどうか。イベント準備の際にアルバイトを何人雇うべきか。短期的な利益確保のために仕入先に強硬な値下げ交渉を仕掛けるか、将来の長期的な関係を築くために価格を維持して購入するか。インド市場で販路を広げるために現地の流通業を買収すべきか否か。小さな意思決定から多額の投資を伴う大きな意思決定まで、その判断基準は企業価値への貢献である。ビジネスにおけるすべての意思決定は、この企業価値を高めるという基準においてなさ

れなければならない。

　意思決定の前提にあるのは、お金は貯め込むものではなく使うものだということである。お金はビジネスの目的であり、活動の評価指標ではあるが、常に姿を変え、循環しているものだ。しかし、多くのビジネスパーソンは、できるだけお金を使わないことが美徳であるとしつけられている。効率性の観点からは確かにそうなのだが、それがビジネスの本分ではない。まずいのはムダなお金を使うことであって、お金を使うことそれ自体ではない。むしろ、お金は使い道がなければ持つ意味がない。

　100万円の現金をそのまま金庫に置いておくと、明日にはとてもわずかな額だが損をする。銀行に預ければいくばくかの利子を生むはずなのに、ただ金庫に置いておいたがために損をするのである。お金は生の刺身のように、放っておくとすぐ傷んでくる。お金は「動かしてなんぼ」なのである。

　お金は新たな価値を獲得する可能性として存在する。価値を獲得するまでの仮の姿である。その仮の姿（＝お金）を活用し、さらにより大きな価値を提供し、その見返りに再び対価をもらうことで企業価値を高めていく。その循環がビジネスだ。私たちは常にお金の使い道を考えなければならない。使い道のアイデアを持たずにお金だけ貯め込むのは「守銭奴」であり、極論すれば社会の害悪である。

お金の力を利用して志を実現する

　私たちはお金で喜び、悩む。ときに人の生命も左右する。お金はよい面と悪い面を持つ両刃の剣である。

　お金は非情である反面、希望のあるビジネスにはお金が集まり、

そのお金がさらなる成果を生み出す。ビジネスは、お金の力を借りて志を実現する営みということができる。オーディオ機器が電気の力を借りて微弱な信号を大きなスピーカーからの音に増幅するように、お金は志の増幅器なのである。お金は儲かりそうなところに流れ込み、より儲けるようにけしかける。儲かりそうもないところからは逃げ出す。ビジネスは、このようなお金のプレッシャーとアイデアの闘いともいうことができる。

　お金があるのにアイデアが乏しいと、ビジネスとは無関係の不動産や株式への投資に頼ることになる。私たちには、お金をなにに使うか、どのように行動するかのアイデアが常に求められているのだ。それは、常にお金よりもアイデアが過剰な状態にしておくということだ。言い換えれば、何らかの使えるお金があるのに、その使い道が決まっていなければ、すでになにがしかの機会損失をしていることになる。私たちが欲するべきものはお金よりもまずアイデアなのである。

3　意思決定の判断基準を知る

投資意思決定の基礎情報

　さて、ここからは、何らかのアイデアがあったときに、お金の使い道の判断をどうすればよいかを考えていこう。その判断のことを、一般的に「投資意思決定」と呼ぶ。将来にわたり、継続的に効果が現れるような支出を「投資」と呼ぶ。投資と対になる言葉は「費用」である。製品の原材料や配送料などの一時的に費やす支出である。投資は効果が将来にわたるのでビジネスに対する影響が大きく、慎重な判断を要する。

その投資の意思決定に必要な基礎情報は、投資額と利益予測である。実務的に頭の汗をかくのはこの2つである。もちろん、少なくとも「投資額＜利益」となるアイデアでなくてはいけない。

①投資額
　出ていくお金、すなわち投資にいくらかかるかということである。設備関連であれば、設備販売会社や工事会社に見積もりを依頼すれば分かる。一般的に、投資額は根気強く算出していけば、相当に正確な数字を求めることができる。

②利益予測
　入ってくるお金を予測する。利益予測はどこまで行っても不確実なものだが、理屈を組み立てて金額をはじく。目先の利益のみではなく、投資の効果が続く将来の利益を考える。先に見たように、利益がいつ上がるかの予測も重要である。利益の現在価値を考慮すると、できるだけ早く利益が上がることが望ましい。
　利益の予測には、将来の「読み」が必要であり、これはビジネスにおいて決定的に重要である。それにはそれぞれのビジネス分野の専門知識が必要であり、いわば技術の領域である。鉄鋼業には鉄鋼業界の市況や技術動向などの見通し、アパレル業界であればファッショントレンドなどの見通しが必要である。この「読み」が悪ければ残念ながらビジネスはどんな知識を得たところでうまくいかない。サッカーチームのフォワードがどんなに運動能力が高く、戦術理解があっても、ゴールの嗅覚がなければゲームに勝てないのと同じである。
　ここからは、何らかの利益の「読み」があるものとして話を進

めていく。「投資額」と「利益予測」により「儲かり度」を算出し、投資の案件を比較検討する。次に、その算出方法の3つの代表例を挙げる。

❶正味現在価値（NPV）
正味現在価値（NPV）の計算方法

さて、次の2つの案件がある。金額以外の条件がまったく同じだと仮定して、あなたがお金の出し手だとすれば、どちらの案件を選ぶだろうか。

> ① 10億円の投資で、4年で16億円（毎年4億円）の利益を得る
> ② 50億円の投資で、10年で100億円（毎年10億円）の利益を得る

投資から得られるトータルの利益は、今後見込まれる利益を足し算して、そこから必要な投資額を差し引くことで求められる。下記の例でいえば、案件①の利益は16億円－10億円＝6億円、案件②は100億円－50億円＝50億円である。

しかし、この計算では不十分なことがある。先に記したように、直近の利益よりも、将来の利益を低く換算し、現在価値を算出する必要があるからである。将来の利益の価値を減らすために、割引率を適用して計算する。割引率を適用した後の期待利益の現在価値から投資額を差し引いた金額が正味現在価値（NPV: Net Present Value）と呼ばれる。「正味」とは、初期投資額を差し引いた、純粋に手元に残る額、といった意味である。

もちろん、それがマイナスなら投資の価値はない。みすみす損するだけである。複数の案件があれば、それらのNPVを比較し、

〈図1.3 案件①の投資と利益〉

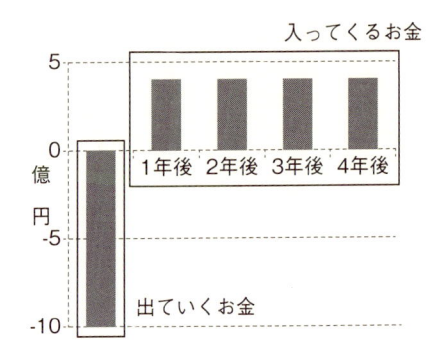

〈図1.4 案件②の投資と利益〉

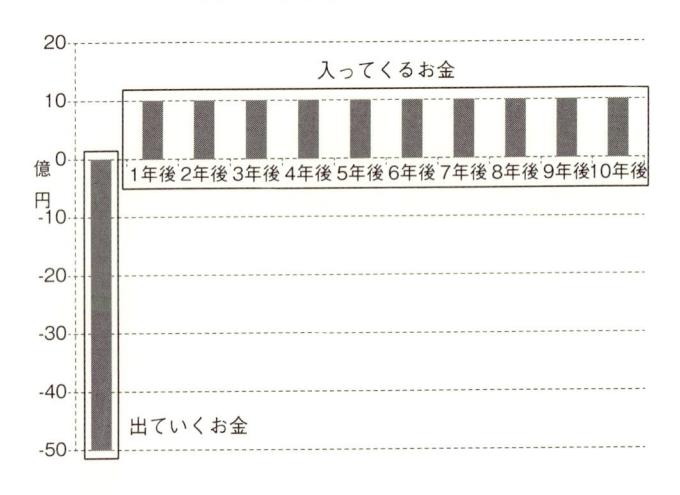

値が大きいものを採択する。

　先の例で、割引率を5%とすると次のような計算になる（21ページの式を参照）。ただし、ただちに投資を行い、利益は1年後から得られるものとして考える。

〈表1.1　案件②の利益発生時期ごとの割引率適用後の利益〉

利　益 発生時期	割引率適用後 の利益(億円)
1年目	9.5238
2年目	9.0703
3年目	8.6384
4年目	8.2270
5年目	7.8353
6年目	7.4622
7年目	7.1068
8年目	6.7684
9年目	6.4461
10年目	6.1391

10年後の10億円は、約6億円の現在価値しかない（割引率5％の場合）

案件①

$$\text{NPV} = \frac{4億円}{(1.05)} + \frac{4億円}{(1.05)^2} + \frac{4億円}{(1.05)^3} + \frac{4億円}{(1.05)^4} - 10億円 \fallingdotseq \underline{4億1,838万円}$$

案件②

$$\text{NPV} = \frac{10億円}{(1.05)} + \frac{10億円}{(1.05)^2} + \frac{10億円}{(1.05)^3} + \cdots + \frac{10億円}{(1.05)^{10}} - 50億円 \fallingdotseq \underline{27億2,173万円}$$

　NPVによると、案件②の方が有利になることが分かる。やはり、案件②の規模の大きさが有利に働いている。ただし、5％の割引率を考慮しただけで、単純な足し算とは金額が大きく異なることに注目してほしい。5％の割引率が複利で利いていくと、案件②の10年後の10億円は、約6億円の現在価値しか持たないのだ（**表1.1**参照）。その結果、10年間の利益の現在価値は、単純な足し算の収益額（50億円）の半額程度に下がっていることに注意が必要である。

　この算出方法では、利益の獲得が後になればなるほど割引率が

〈表1.2　利益の出るパターンを変えた例〉

	1年目	2年目	3年目	4年目	5年目	6年目	7年目	8年目	9年目	10年目	10年間単純合計
案　件②	10	10	10	10	10	10	10	10	10	10	100
案件②−1	15	15	15	15	13	11	7	5	3	1	100
案件②−2	1	3	5	7	11	13	15	15	15	15	100

(億円)

〈図1.5　案件②−1：利益が早く上がるパターン〉

〈図1.6　案件②−2：利益が後から上がるパターン〉

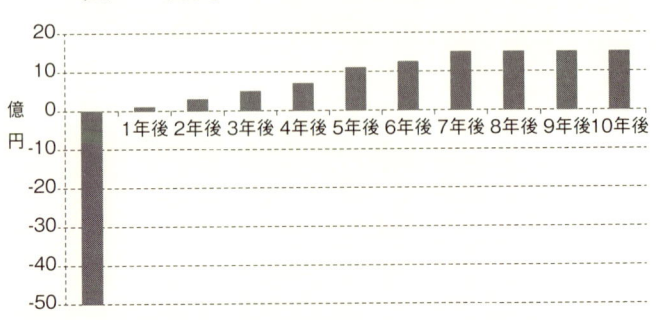

〈表1.3　利益の出るパターンを変えたNPVの計算結果（割引率5%）〉

案　件	NPV
案　件②	27億2,173万円
案　件②−1	32億4,902万円
案　件②−2	21億7,618万円

大きく利くので、できるだけ早く収入を得た方がよいことが分かる。

案件②で、利益の出るパターンを変えて NPV を計算し、このことを確かめてみよう。いずれも、10 年間の単純合計は 100 億円で、利益が早く上がるパターンと、後から上がるパターンを考えてみる。

やはり、利益が前倒しで上がる案件② − 1 の NPV が高いことが分かる。このように、利益はできるだけ早く上げることが肝心である。お金は本来的に短期志向なのだ。お金を呼び込みたかったら、短期的に利益の上がるアイデアが有利だということである。実のところ、お金は「長い目で見る」ことは苦手である。ビジネスにおいて、成果の「早さ」は常に善なのである。

割引率の設定が重要な経営判断

NPV と単純に将来の利益を足し算するのとの違いは割引率の適用だから、どのような割引率を用いるかということも重要な判断事項である。割引率の設定により、案件を採用すべきかどうかの判断が分かれるのだ。

多くの教科書には、割引率には「資本コスト」を適用せよとある。資本コストとは、企業が調達しているお金の費用（利率）のことである。企業が調達するお金には何らかの費用（借入の利子や株式への配当など）がかかっており、その費用（利率）を割引率として適用する（50 ページの資本コストの項参照）。

したがって、投資から得られる利益を資本コストで割り引いて NPV を計算した結果、少なくともプラスになることが実行のための最低条件になる。これは、投資に使われるお金を調達するた

めの費用分は、少なくとも利益として生み出してほしいということである。NPVがマイナスになるということは、投資に要するコストを回収できないということだ。

投資意思決定の4番バッター

　ある案件のNPVが大きいということは、それだけ企業価値に貢献することを意味する。そもそも企業価値とは、既存事業を含めたすべての活動のNPVということができる。したがって、NPVは投資案件の評価指標としては、きわめて合理的なものだ。NPVは企業価値の増分を端的に示す指標なので、投資意思決定方法の4番バッターである。

　しかし、合理的だからといって、すべて人の感覚に合うとは限らない。たとえば、先の2つの案件を比較したとき、すべての人が案件②を選ぶわけではない。案件①は4年で利益が確定するが、案件②は10年かかる。4年先のことですらイメージするのは難しいが、10年後となるとさらに不確定要素が大きくなる。私たちは直感的に、時間のかかるものは不確実性が高いとみなし、不安を感じる。また、②の方が投資額が大きく、失敗したときの痛手が大きい。遠い将来のことになればなるほど、また、投資額が大きくなればなるほど、私たちはそこにリスクを織り込んで判断する。

　次に、このようなリスクを大きく考慮した投資評価方法を見ていきたい。

❷回収期間法

いつ元を取れるかで判断する

正味現在価値（NPV）という方法はとても合理的だが、金額の大きい大型案件ほど有利になるという傾向がある。しかし、投資額が大きくなると、それだけ失敗したときのリスクも大きくなり、実際の意思決定時には慎重にならざるをえない。もっと保守的な意思決定基準が好まれる場合があり、その代表例が回収期間法である。

回収期間法は、投資で支払った金額を、予測される利益でどのくらいの期間でトントンにできるかを計算する方法である。その期間が短ければ短いほどよいという考え方である。

先ほどの例を用いて考える。

---
① 10億円の投資で、4年で16億円（毎年4億円）の利益を得る
② 50億円の投資で、10年で100億円（毎年10億円）の利益を得る

案件①

10億円の投資で毎年4億円の利益を得るから、10÷4で回収期間は2.5年。

案件②

50億円の投資で毎年10億円の利益を得るから、50÷10で回収期間は5年。

したがって、回収期間法によると、①の案件が有利である。一般的には、投資の基準となる回収期間（たとえば3年など）を定め

ている企業が多い。その基準と照らし合わせ、投資を判断する。

保守的な判断基準

　この方法は、どれだけ儲けられるかというより、いかに損をしないかという発想に立っている。保守的で消極的な判断基準といわざるをえないが、ある種の人間の感覚に合っている。できるだけ早く収支をトントンにするということは、将来の自由度をできるだけ確保しておきたいということだ。将来はなにが起こるか分からないから、お金はできるだけ手放したくないという発想である。遠い将来のリスクを大きく見込んでおり、利益予測の信憑性に強い疑いを持っている状況だ。

　変化の早い業界、たとえば飲食店の改装などは、1年くらいで投資を回収してしまいたいという経営者が多いであろう。流行りすたりが早く、それに応じて1年後は再び改装する可能性があるからである。そのような変化の速い業界にはこの方法は有効である。

　また、この方法は、元が取れた後にどれだけの利益が上がるかということは考慮しない。後で利益が上がれば儲けものということである。したがって、将来の利益獲得を目的とする新規事業の判断基準にはなりえない。元を取ることが主眼であれば、そもそも新規事業を企画する必要はないからである。

　期間回収法を採る企業は、投資が手堅いものになっていく。短期間で確実に資金回収できる案件が評価され、大きなダイナミックなアイデアが出にくくなるという弊害がある。

❸内部収益率（IRR）

内部収益率（IRR）は投資案件の利回りを見る

　最初に見たNPVには、投資規模が大きければ大きいほど評価されるという偏りがあり、回収期間法には、元さえ取れればよいという保守的すぎる考え方に難点があった。さらに回収期間法は、時間による割引を考慮していない点で欠陥がある。このような短所を克服した意思決定方法が内部収益率法（IRR: Internal Rate of Return）である。

　NPVは割引率をあらかじめ設定し、それで投資の現在価値を求めるものだった。IRRは、NPVがゼロになるような割引率を求める計算を行う。

$$0 = \frac{1年後の利益}{(1+割引率)} + \frac{2年後の利益}{(1+割引率)^2} + \cdots + \frac{n年後の利益}{(1+割引率)^n} - 投資額$$

→上記が成り立つ「割引率」がIRR

　IRRは、数値が大きければ大きいほど有利な投資案件ということになる。割引率が高いということは、NPVをゼロにするには大きく割り引かなくてはいけないということで、それだけ儲け度が大きいということである。

　先の事例でIRRを計算してみる。

---
① 10億円の投資で、4年で16億円（毎年4億円）の利益を得る
② 50億円の投資で、10年で100億円（毎年10億円）の利益を得る

　IRRを計算するためには、あらかじめ利益を生む期間を決めておく必要がある。「5年のIRRで○％」というような表現になる。

この例では、案件②に合わせて利益が発生する期間を10年とする。計算は複雑なので、手計算では無理だ。通常はパソコンの表計算ソフトを使用する。

案件①

$$\frac{4億円}{(1+割引率)} + \frac{4億円}{(1+割引率)^2} + \frac{4億円}{(1+割引率)^3} + \frac{4億円}{(1+割引率)^4} - 10億円 = 0$$

となる割引率を求めると、<u>22%</u>になる。

案件②

$$\frac{10億円}{(1+割引率)} + \frac{10億円}{(1+割引率)^2} + \frac{10億円}{(1+割引率)^3} + \cdots$$
$$+ \frac{4億円}{(1+割引率)^{10}} - 10億円 = 0$$

となる割引率を求めると、<u>15%</u>になる。

　この結果、案件①の方がIRRがよいことが分かる。すなわち、案件①が、より高利回りの案件ということができる。NPV同様、早い時点で利益が上がった方がIRRは高く出る。
　お金の上手な使い方という視点に立てば、小さな投資額で小さな利益を生む案件でも、効率的な投資案件はあるはずである。IRRは、投資案件規模の大小にかかわらず、投資の効率性を比較できる方法である。

利回りがハードルレートを越えることが条件
　求められたIRRは、基準となる利子率（ハードルレート＝越えな

ければいけない基準となるレート）と比較され、それを越えると検討の俎上に乗る。

NPV同様、一般的なハードルレートは資本コストが用いられる。上記の例で、ハードルレートを5%とすると、どちらもそれを上回るので、検討に値する案件ということができる。

IRRは、一律に収益期間を設定し、案件の規模にかかわらず、すべての案件が「利回り」で表現されるので、さまざまな案件を比較しやすい方法である。数多くの投資案件を抱える金融機関などにとって、規模や内容がまちまちの案件を一律に比較できるので便利である。

4　ローリスク・ハイリターンを追求する

お金は短期志向

ここまで見た3つの方法の評価指標による、例題の計算結果を比較してみよう（**表1.4**）。

あなたにとって、どの指標が自分の感覚に合致しているだろうか。企業価値向上の観点からは案件②が採用されるはずである。しかし、リスクや利回りの点では、案件①が有利である。

お金の性質は短期志向であると先に記した。3つの評価方法の結果を並べてみて、案件①の方が比較的有利なのも、利益を得る時点が早いことが影響を与えている。

会計的に考えると、早く成果が上がる案件が有利であるが、それが常に正しい判断ということではない。悪くいえば近視眼的な判断に陥り、長期にわたる大きな構想を否定することにつながる。私たちは、期待利益とリスクを勘案し、どのバランスが好ましい

〈表1.4　例題の計算結果比較〉

① 10億円の投資で、4年で16億円（毎年4億円）の利益を得る
② 50億円の投資で、10年で100億円（毎年10億円）の利益を得る

	案件①	案件②
正味現在価値（割引率5%）	4億1,838万円	27億2,173万円
回収期間法	2.5年	5年
内部収益率（期間10年）	22%	15%

かを判断しなくてはいけない。会計思考の近視眼的な傾向を理解して、バランスの取れた思考を行うことが必要なのだ。

リスクをどう考えるかが問題

　私たちは今、ビジネスにおける意思決定の方法を議論している。しかし、答えが決まっている算数の問題を解くことを意思決定とは呼ばない。もしそうであれば、それはコンピュータの作業になる。意思決定とは、答えがよく分からないことを判断することである。

　よく分からないことというのは、リスクを伴うということと言い換えることができる。リスクとは、結果の想定にばらつきがあり、不確実ということだ。リスクがなければ、期待利益から投資金額を引いて、その差額が大きいものから順に選べばよいだけなので、「意思決定」は必要ない。単純に大きい需要を狙えば、自然とNPVは大きくなる。これでは、大風呂敷を広げさえすればよいことになってしまう。

　したがって、意思決定を突き詰めて考えると、リスクをどう考

〈図1.7　ハイリスク・ハイリターン〉

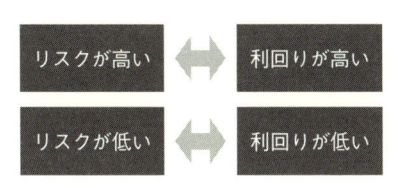

| リスクが高い | ⇔ | 利回りが高い |
| リスクが低い | ⇔ | 利回りが低い |

えるかという問題となる。まず何らかの意思決定基準にしたがって案件を評価する。その物差しで案件を並べ、期待できる成果とリスクを天秤にかける。通常は、期待値が大きな案件はリスクも高くなる。投資意思決定の核心は、結局のところこのリスクをどのように評価するかということになる。

ハイリスク・ハイリターン

　たとえば、銀行の普通預金に1万円を預けると、1年後には2円の利子がつく（金利が0.02%の場合）。株式など、元本保証がない投資商品はそれよりも利回りが高い。もし元本保証がある銀行預金と元本保証がない投資商品の利回りが一緒であれば、誰もがより安全な銀行預金を選ぶだろう。リターンが不確実な金融商品は、リスクがある分、必ず銀行預金よりも利回りが高くなる。そうしなければ買い手がつかないからである。

　このように、一般的にリスクが高い投資対象は利回りが高くなり、リスクの低いものは利回りが低くなる。逆の見方をすると、リスクを受け入れる勇気があれば高い利回りが期待でき、リスクを避けて通れば低い利回りに甘んじなければいけない。これがお金の大原則である。

リスクを引き受け、かつリスクを低減する

　このことをビジネスに置き換えるとどういうことがいえるだろうか。やはり、投資家と同様に、高いリターンを得ようと思えば何らかのリスクを取る必要がある。リスクに挑むということは、世間全体から見て一般的でないもの、他社と違う行動をするということである。

　そして、ここからが肝心である。他社から見てリスクの高いアイデアであっても、自社ではそれほどでもないというものがある。

　たとえば、アフターサービスを丁寧にすることが得意な企業と、そうでない企業がある。アフターサービスは、得意でない企業にとってはやっかいで費用がかかり、クレームの恐れもあるリスクの大きな業務である。しかし、アフターサービスの経験が長く、ノウハウがあり、サービスを上手に展開できる企業にとってはさしたるリスクではない。そのサービスによってお客さんの満足が高くなり、リピート需要が増えるとすれば、この企業は相対的に低いリスクで高いリターンを得ているということができる。

　このように、他社にとっては高いリスクであるが、自社にとってはそうではないもの、このリスク認知のギャップに高収益の機会がある。このギャップを生んでいる能力が企業の「強み」と呼ばれるものだ（「第Ⅲ部　戦略思考」で詳しく解説する）。社会全体から見たときには積極的にリスクを取りに行き、なおかつ社内のオペレーションとしてはできるだけリスクを回避するような力を蓄えることが肝心なのだ。いわば、一般的な経済原則を逸脱したローリスク・ハイリターンを追求するということだ。

　ビジネスでは、リスクを引き受けることと、リスクを低減することを同時に行わなければならない。組織の外に向かっては他社

〈図1.8　ローリスク・ハイリターン〉

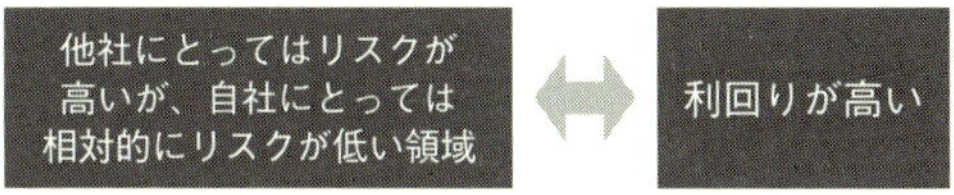

| 他社にとってはリスクが高いが、自社にとっては相対的にリスクが低い領域 | ⇔ | 利回りが高い |

が躊躇するリスクを引き受ける精神、社内のオペレーションではリスクを低減する努力、この2つが必要となる。前者は企業家精神、後者は愚直に技を磨く精神である。外に向けてのリスクテイクと、内なるリスク低減。ビジネスにはどちらが欠けてもダメなのである。

　ビジネスは成功して時間が経つと、できるだけリスクを低くしようとする傾向が強くなる。ビジネスの経験を重ねると、往々にして既存のビジネスの中でリスクを回避する方向へ向かう。それはビジネスの安定をもたらすが、そこに安住していては企業はいつしか衰退する。まずもって、リスクを引き受ける行動に出ることができるかどうかが問題なのである。

数字とアイデアの知恵比べ

　人事評価の分野で逆算化傾向という言葉がある。「この人は元々できる人だ」「この人はダメだ」といった評価対象者の総合的なイメージが先にあり、その総合評価になるように各評価要素に点数を配分してしまう心理傾向のことである。一般的な人事評価の仕組みは、「行動力」「協調性」などのいくつかの評価要素が与えられ、その合計で最終評価とされる仕組みである。したがって、逆算化傾向は誤った評価方法であり、避けるべきものといわれている。各要素を正しく評価すれば総合点は自ずから決められ

るのだから、部分に集中すればよいというわけである。ところが、人間なかなかそうはいかない。部分点とは別に全体の評価というのも人間の心にあるからである。

投資意思決定においても、似たようなことが起こる。定量的な計算結果が投資基準に満たなくても、言葉にできない確信として、このプロジェクトは前に進めるべきとの内なる声がある場合である。実はどちらかというと、こういう感覚の方が健全である。計算してみました、ダメでした、じゃあ諦めます、というのであれば、そもそもなんのために起案したか分からない。そう考えると、なんとしても投資案件を通したいという思いのもと、判断基準に達するような現実策を模索することが賢明な頭の使い方になる。数字とアイデアの知恵比べである。

世間から見てリスクの高いアイデアは、多くの場合、社内から見てもリスクの高いものである。「そんなことはできないだろう」と、社内からは反発される。その反発に負けずに、どのような方法で実現可能なのか、リスクを低減できるのかを考え抜かなければならない。

ビジネスの主体者としての立ち位置に立つと、投資評価の計算は、どのようなアイデアが有効かを検討する入り口にすぎない。数字という、ものをいわない冷徹な判断者を前にして、彼の首を縦に振らせるアイデアが求められるのである。

第1章のまとめノート

✓ ビジネスの目的

　　「金儲け」は善である

　　お金の力を使って社会に貢献する

✓ 企業価値の向上

　　将来の期待値合計（現在価値）

　　お金は使うためにある

✓ 投資評価の方法

方法	評価指標	判断基準
正味現在価値	金額	0より大きいこと（割引率適用）
回収期間法	年数（回収年）	基準となる年数より短いこと
内部収益率	利率	ハードルレートより大きいこと

✓ リスクと利回りの関係

　　成果が早く出る方が望ましい

　　リスクを取らなければリターンが望めない

　　その上で、できるだけリスクを減らす努力をする

第2章 ビジネスを殺さない

1 お金をぐるぐる回す

会計情報は究極の上司

　みなさんは、勤めている会社の預金通帳を見たことがあるだろうか？　たいていの人は経験がないだろう。

　筆者がある企業の立ち上げに役員として参画したときのこと。初年度から経営に窮し、役員間の意見も整わず、創業して1年足らずのうちに役員を入れ替えた。外から招き入れた役員がまず始めたことは、みんなの目の前で会社の預金通帳を開くことだった。

　彼は大手商社出身の経営のプロだった。残念ながらそれまでの役員陣は筆者を含め、すべてアマチュアだった。彼は預金通帳を会議のテーブルに出すことにより、喫緊の課題がキャッシュの確保であり、まず借り入れを起こす算段であることを示した。筆者もエクセルの表ではいつまで資金が持つか、いつまでになにをすべきかは理解しているつもりだったが、預金通帳そのものを見て身が引き締まったことを覚えている。誰にどのような意見があろうと、お金の現実がやるべきことを明確に示している。お金は経営陣をも超えた究極の上司なのである。

　ビジネスにおいて、なにかを企画・計画する会議の冒頭には必

ず会計情報の確認がないといけない。お金の制約がどの程度なのか、いつまでに利益を得なければならないのかという会計上の要請を踏まえ、成果目標を立てる。その会計的な目標は、音楽のテンポを決めるメトロノームのように、ビジネス活動のペースを決める。いつまでにどれだけ売上を上げなければいけないのか。そのためにはどれほど頑張らなくてはいけないのか。そのような行動のスピードをお金が定めるのである。したがって、お金がどのように流れているか、その現実を知らなければならない。

キャッシュフローはビジネスの血液

　お金の流れのことを「キャッシュフロー（Cash Flow、C/Fと略すことがある）」という。日本語で「お金の流れ」とでも呼べばよさそうなものだが、一般的な呼称になっているので本書でもそれにならう。このキャッシュフローの全体像は目で見ることはできない。しかし、それを頭の中でイメージすることが、ビジネスを考えるためには必須である。

　キャッシュフローは人間の血液にたとえられる。キャッシュフローが活発に動いていたら健康で、停滞していたら不健康であり、途絶えたら死を迎える。そうならないように注意し、できるだけ動かすことを考える。

　ビジネスを立ち上げたときのお金の流れは、おおむね次のようなものである。

　まずビジネスの元手としての資金を調達する。誰かに株式を買ってもらって資本金を調達したり、銀行から借り入れたりする。それらのお金は、いったんは銀行の口座に入るが、すぐに費用として出て行く。家賃や人件費を払い、設備を備えたり原材料を購

〈図2.1 キャッシュフロー全体図〉

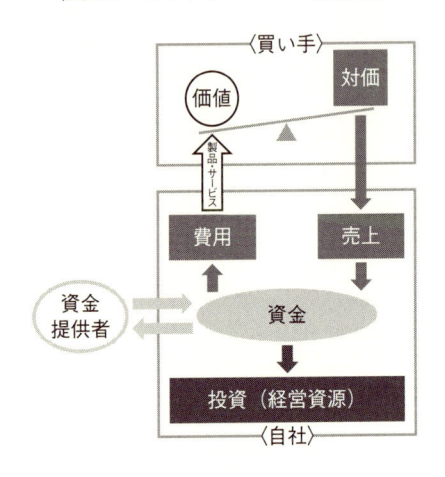

〈買い手〉
価値　対価
製品・サービス
費用　売上
資金提供者　資金
投資（経営資源）
〈自社〉

入したりして製品（サービス）をつくる。家賃や給料の支払いは普通は1カ月ごとに支払う。その支払うタイミングでお金が足りないと、再度資金繰りに奔走することになる。

　運よく、製品やサービスが買い手にとって対価を払ってもよいと認められれば、その支払われた対価が売上となる。売上から、製品（サービス）の製造などに使われた費用を差し引いたものが利益になる。先に費用が出ていき、その次に売上という収入があり、その差し引き結果として利益がある。さらに、その利益から税金を払い、残りのお金を株式の配当などに配分し、一部を新たな活動の原資として企業内に残す。

　このように、お金はぐるぐる回る。お金はお金のままでいるわけではなく、新たなお金を生むために、設備や材料、製品などのいろいろな姿に変わる。お金の流れが速く、流れるお金の量が多いほど活気のある企業ということができる。企業価値を高くする

ということは、お金を一箇所に留めておくことではなく、お金をぐるぐると回し、企業の中を駆け抜けるお金の量とスピードを上げていくことである。

キャッシュフローから見るビジネスの基本課題

このようなキャッシュフロー全体から、企業価値を上げるための５つの基本課題を指摘することができる。

①財務基盤の確立

　第１の課題は、ビジネスに必要な資金を常に確保することである。資金がショートしないように常に細心の注意を払わなければならない。その方法は、誰かに株式を買ってもらったり、銀行から借り入れたりすることである。調達するお金には対価（利子・配当など）が必要で、企業全体の資金調達に要する対価を資本コスト（50ページ参照）と呼ぶ。

②収益性の向上

　「収益性」とは、ビジネスに投下されたお金や売上に対する利益の割合のことである。ここでの課題は、製品（サービス）をつくって提供するにあたり、できるだけお金をかけずに行うことである。合理化、コストダウンの課題である。設備や土地など、長期的に使用する資産への支出が投資であり、経営資源として蓄積される。製品の原材料など、一時的に費やされる支出は費用と呼ばれる。活動のムダを省き、少ない資金で利益をより大きくする、生産性を上げる改善努力は日常的になされなければならない。

③売上を上げる

　製品やサービスが買い手にとって対価を払ってもよいと認められれば、その支払われた対価が売上となる。ここでの課題は、買い手にとって価値がある製品（サービス）をつくり、提供することである。将来の期待値である企業価値に直結する活動であり、ビジネスの根幹の活動であることに議論の余地はない。

④競争優位の創出

　将来の活動の基盤となる競争力を築き、伸ばすような投資を行うことである。将来における、「③売上を上げる」活動の土台を築く活動である。

⑤事業領域の選定

　さらに、以上のようなビジネス活動の前提となる、そもそもビジネスをどの領域で行うかという根本的な課題である。具体的には、利益が期待できる事業領域を探索し、事業領域を広げたり絞り込んだりすることである。その最も大胆な意思決定は事業の立地替え、すなわち事業領域の変更である。

　これらの5つの基本課題と、本書における会計思考・マーケティング思考・戦略思考の対応関係は次のとおりである。

　会計思考に含まれるのは「①財務基盤の確立」と「②収益性の向上」である。マーケティング思考は、「③売上を上げる」に該当する。戦略思考は「④競争優位の創出」「⑤事業領域の選定」である。

〈図2.2 キャッシュフローと5つの経営課題および3つの思考の関係〉

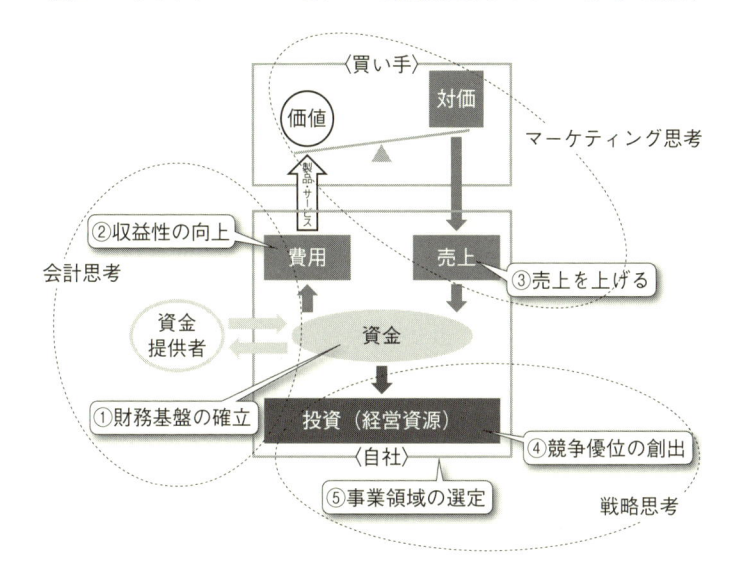

基本課題への目配せ

　企業価値を上げるためには、常にこの5つの基本課題すべてに目を配らなくてはいけない。たとえば、「③売上を上げる」活動が好調なときであっても、それだけに満足することなく「②収益性の向上」を厳しく行い、かつ将来の「④競争優位の創出」「⑤事業領域の選定」まで視野に入れなければならない。このような発想は、いわゆる先見性と呼ばれるものだ。目先の課題を克服しながら、将来に向けての課題に真摯に取り組む姿勢のことである。

　このように、5つの基本課題は常に同時に考えなくてはいけないものだが、ビジネスが置かれた状況に応じて重点分野は異なる。企業のそのときどきの状況において、優先的に解決すべきことが

なんなのかは意識しなくてはいけない。売上が減少傾向で、新規の買い手を探さなければいけないときに、品質改善運動に入れ込みすぎてはいないか。キャッシュフローの確保が必要なときに、長期スパンの研究を漫然とやっていないか。そのような優先事項を踏まえた上で、5つの基本課題に目配せする視野の広さが求められる。

　特に経営が危機のときには、優先順位を厳しく設けなければならない。これらの5つの基本課題は、ビジネスのお金の流れに沿って指摘したものだが、緊急性の高い順でもある。経営の危機のときには、まずなにを差し置いても、「①財務基盤の確立」である。そこから順を追って立て直さなければならない。なんとかその手当てができたら、お金の流出を止める上で即効性のある「②収益性の向上」、すなわちコストダウンである。その努力をしながら、次の段階として「③売上を上げる」ことに関心が向けられる。その成果をより伸ばすために、「④競争優位の創出」があり、そのビジネス分野に限界を感じると、「⑤事業領域の選定」が必要になる。

2　資金調達にはコストがかかる

資金調達の方法

　ここからは、ビジネスの基本課題の「①財務基盤の確立」について解説する。

　企業の資金調達方法には、「自己資本」と「負債」の2種類がある。自己資本とは株式による資金調達、およびビジネス活動で蓄えられたお金（内部留保）のことで、返済する必要がないもの

である。負債とは銀行からの借り入れなどのことで、返済義務がある。したがって、自己資本の割合が高いほど財務基盤は安定しているということができる。

企業の外部からの資金調達の主な方法は次のようなものだ。

①自己資本による調達
• 増　資（資本金）
　会社が新しく株を発行し、だれかに購入してもらって資本金を増やすこと。これがビジネスを行う財務基盤の大本になる。株式の所有者が株主であり、株主総会という意思決定の場を通じて経営に対して影響力を持つ。ちなみに、現在の日本の会社法では、資本金が１円でも株式会社が設立できる。

②負債による調達
• 借入金
　銀行からお金を借りるなど、返済義務を負った資金の調達方法。

• 社　債
　会社が資金調達を目的として、投資家からの金銭の払い込みと引き替えに発行する債券。一定の期間の後、利率をつけて返済する。ちなみに、新聞紙上を賑わす"トリプルＡ"などの格付けとは、社債の信用度のことである。

• 転換社債
　株式に転換可能な社債のこと。社債でありながら、いつでも好きなときに一定の株式と交換できる（転換できる）。株価が上昇し

たときには、株式と交換した上で売却をすれば、大きな利益を上げることができる。一方で、株価が上昇しなかったときには、社債のままで満期まで保有していれば、「元本＋利息」を受け取ることができるので安心である。ベンチャー企業など、成長期待はあるが、リスクも高い場合に用いられる。

資金調達の費用としての資本コスト

自己資本は返済義務がないと記したが、調達の対価（コスト）はかかる。もちろん、負債による調達は、利子というコストがかかる。何らかの対価を支払わなければ、当然だれもお金を出してくれない。企業は、さまざまな方法を組み合わせて資金調達を行うが、企業全体としてかかっている資金調達の費用（利率）のことを資本コストと呼ぶ。

たとえば、銀行から借り入れるときは利息をつけて返済する。その利息分が資金調達の費用である。借入金や社債は、企業の信用度に応じて利率が決められる。信用が低い創業時の借入利率は高く、複数年を経て業績が安定すると、低い利率で借りられるようになる。その企業がどのような利子率で借り入れているかは、その企業の信用度の指標でもある。

また、社債の信用度は、専門機関によって「格付け」される。格付けが高ければ低い利率で（低コストで）資金が調達でき、格付けが低ければ高い利率を払わなくてはならない。また、社債は銀行を通さずに直接資金提供者との取引になるため、銀行の手数料の分だけ、銀行借り入れより低いコストで資金が得られる。したがって、信用の高い企業は、銀行から借り入れるより、社債を利用した方が有利になる。

〈図2.3　資金調達方法とコストの関係〉

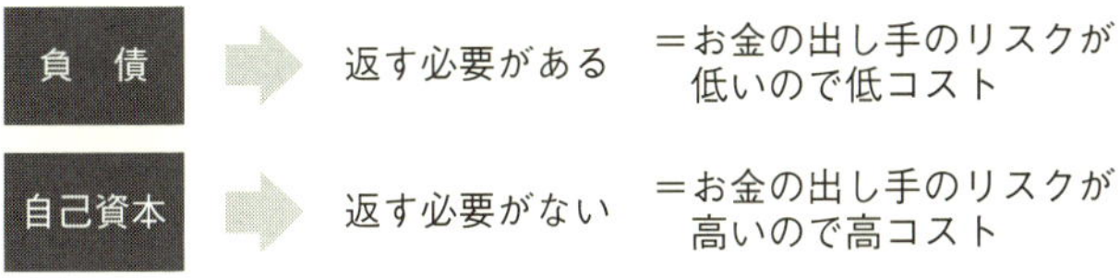

負　債　➡　返す必要がある　＝お金の出し手のリスクが低いので低コスト

自己資本　➡　返す必要がない　＝お金の出し手のリスクが高いので高コスト

　先に見た資金調達方法の中で、最も資金の出し手のリスクが高いのは増資（資本金）である。元本が保証されないからである。ビジネスが行き詰まり、企業価値がゼロになれば株式は単なる紙くずになる。したがって、増資という方法は、元本の保証がないがゆえに、リターンが高くないと資金の出し手の割に合わないものだ。結果、増資のコストは高いものになる。配当を上げたり、株価を上げて株式の売却益が出るようなビジネス活動がビジネスの担い手の義務になる。

　中小企業では、経営者が株主を兼ねている場合も多い。そのようなとき、お金の出し手（＝経営者）が、高いリターンを求めるということはあまりないだろう。しかし、資本金の出し手が第三者のときは、このようなコスト感覚が求められる。元本を返さなくてよい代わりに、高いコストを支払う義務があるのである。

資本コストの算出方法

　企業全体の資本コストを算出する代表的な計算式は、WACC（Weighted Average Cost of Capital: 加重平均資本コスト）と呼ばれる。借入金や社債などの負債のコストと自己資本（株主資本）のコストを、それぞれの比率でかけて合計したものだ。

①負債のコスト

　借入や社債の利子率である。詳細な計算では、利子の支払いは費用に計上されるために節税効果（課税対象となる利益を低くする効果）があり、それを割り戻すなどの操作が必要であるが、おおむね利子率と考えてよいであろう。

②自己資本のコスト

　自己資本、すなわち株式による調達コストは計算が難しい理論値である。実際に企業が支払う金額ではなく、この程度の利回りがないとお金の出し手の割に合わないという期待値である。もちろん、リスクが高い（信用度が低い）企業のコスト（利回り）は高くなり、リスクが低い（信用度が高い）企業のコストは低くなる。

　自己資本のコストは、確実に元本が戻ってくる金融商品の利率との差（増分）を考える。確実な金融商品の代表としては国債（国が発行した金融商品だから安全だということ）がある。一般的には、国債の利回りをベースとし、それにどれだけの利率を加えればよいかを考える。

　国債に加算する利率は、個別の企業のリスク分であり、専門的な計算方法が確立されている。その計算式はとても専門的なので、関心がある方はファイナンスの専門書を当たっていただきたい。すごくおおざっぱにいえば、その企業の株価の動きをもとに、企業のリスク（株価の動きの不確実さ）を算出するものである。

資本コストは企業のリスクを示す

　このように、負債のコストおよび自己資本のコストは、いずれも企業のリスクを反映したものになっている。資本コストは、企

業全体が抱えているリスクを表しているといってよいであろう。

　資金調達の実務知識は高度な専門性を必要とし、担当部門以外の人には取り立てて必要がない。一般的なビジネスパーソンとして必要なのは、ビジネスを成り立たせる基盤であるお金には、必ず何らかのコストがかかっているという認識である。たとえば、資本金による調達は利子を払う必要がないので、一見コストの低い資金調達方法のように見えるが、実は資金の出し手はより高いリターンを期待しているという感覚を持つことである。資本を増やすということは、それだけ責任が重くなるのである。

　ここで、第1章で投資案件の現在価値（NPV）を算出する際の割引率として、一般的に資本コストを用いるとしていたことを思い出してほしい。ある案件について資本コストを割引率としてNPVを計算し、結果がプラスになるということは、少なくとも資金調達にかかる費用よりも稼ぐことができるという意味である。そのようなアイデアを私たちは創出していく必要があるのである。

3　信用は両刃の剣

企業が死ぬ瞬間

　本章の最後に、ビジネスにおいて最悪の場合を考えてみよう。最悪なのはビジネスの参加資格を失うこと、すなわち倒産である。どのようなときに倒産するか、すなわち企業の死の瞬間を知ることは、それを避けるために有効なはずである。

　ところで、人の死の瞬間はいつだろうか。一般的には「呼吸が止まる」「心臓が止まる」「瞳孔が拡散する」の3つで死亡とされているらしい。しかし、人の死とは細胞が順次死に絶えていくプ

ロセスで、ここが「死の瞬間」と厳密な線引きをすることは難しいようである。同様に、企業の死の瞬間もそう単純なものではない。

お金がなくなったら企業は倒産すると思っている人がいる。しかし、お金がなくなったら、なにもしなければよい。小遣いがなくなったら給料日までお金を使わないようにするのと同じである。だから現金で取引している限り、企業が突然死ぬことはありえない。じっとしていてはビジネスにならないが、倒産することはない。

では、なにが問題になるかというと、支払うべきものが支払えなくなったときである。クレジットカードでものを買ったはいいが、銀行に残高がないという状態である。約束手形による取引では、そのような状況が如実に表れる。いつ必ず支払いますという「約束」をしたものなので、約束が守られなければ嘘つきということになり、警戒される。それが1回目にはイエローカードで、2回目にはレッドカードで銀行取引が停止になり、ビジネスの場から退場になる。

銀行振り込みの場合はどうだろうか。もちろん、いつまでに支払いますという約束をする。そうでなくては売り手は怖くて売れない。もし約束した日に買い手から入金がなかったとする。約束手形ならこの時点で1枚目のイエローカードである。銀行振り込みを決済手段とする場合、売り手はしっかり入金をチェックしておかなければならない。入金がなければ買い手に連絡をして、入金を催促する。単純な事務処理ミスなら、いい加減な会社だなあと思いながらも事なきを得る。売り手は事なきは得るが、買い手は確実に信用を落とす。支払うべきものはしっかり支払うのが、

ビジネスのモラル中のモラルである。

　さて、単純ミスではなく、お金がないから払えないという状態になったらどうするか。みなさんは、いつまでには必ず払うから待ってくれといわれたらどうするだろうか。ない袖は振れないので待ってくれといわれたらどうするだろうか。

信用のたらざるを憂うべし
　判断のポイントは、その会社が信用できるかどうかであろう。本当に先延ばしにした期日に払ってもらえそうかどうか。銀行が貸し付けを行うのは返済の当てがあるからであり、入金を待つのもそれと同じことである。

　ビジネスの取引は、互いの信用の上に成り立っている。現金がすぐ手元になくても、信用をもとにした後払いが可能である。約束手形であれ、現金振り込みであれ、信用がある限り会社は周囲から存在を許される。逆に、信用を失い、将来においても支払えないと判断されるなら、今すぐ返せとなる。しかし、どんなに催促され、どんなに努力をしても支払いの目処が立たないときがある。

　企業が死ぬ瞬間はこのときである。万策尽き、経営者が資金繰りの努力を放棄したときに会社は死ぬ。

　皮肉なもので、もともと支払い能力が疑われていれば、売り手は現金取引しかしないであろう。なまじ信用があるからこそ後払いを許し、そこに支払いの義務、すなわち債務が発生し、それが倒産の原因となるのである。パナソニック創業者の松下幸之助氏が「資金の少なさを憂うなかれ。信用のたらざるを憂うべし」と言ったのはこのようなことである。

土地などの担保があれば当面の信用は得られるだろう。しかし、それはいつかは食いつぶす。いつかは必ず苦境が来る。そのときに戦略、すなわち将来の展望が問われる。企業を殺さないためには、常に将来の希望をつくり続けなければいけないのだ。

第2章のまとめノート

✓ ビジネスのお金の流れと基本課題
　　①財務基盤の確立
　　②収益性の向上
　　③買い手への価値提供
　　④競争優位の創出
　　⑤事業領域の選定

✓ 資金調達の方法とコスト
　　自己資本と負債
　　企業のリスクにより資本コストが変わる

✓ ビジネスの死
　　支払えなくなったとき
　　信用がなくなったとき

第3章 収益性を磨く視点

1 ROAという代表指標

　ここからは、ビジネスの基本課題の「②収益性の向上」について考えていく。会計情報をもとにビジネスの課題を発見し、改善活動を推進することがテーマである。財務諸表から会計情報を読み取り、分析するスキルが必要になるので、この章は少しばかりテクニカルな内容になる。

　会計情報は帳簿に記録された売買の記録がもとになっている。その意味で過去の情報である。過去の情報は、企業の将来の利益の期待値である企業価値を直接表すものではない。したがって、会計情報をもとにした経営分析は、あくまでも将来の企業価値を類推するものである。会計情報から企業価値を類推する切り口は、一般的に「収益性」「安全性」「成長性」の3点である。

〈図3.1　企業価値の類推指標〉

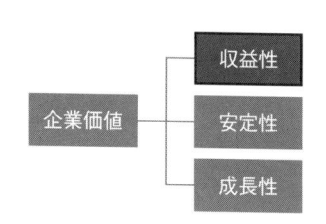

企業価値 ─┬─ 収益性
　　　　　├─ 安定性
　　　　　└─ 成長性

〈表3.1　上場企業のROAランキング〉

位	会社名	使用総資本経常利益率（％）	業　種	決算月
1	グリー	71.82	サービス業	2012年6月
2	UBIC	63.50	サービス業	2012年3月
3	ディー・エヌ・エー	44.80	サービス業	2012年3月
4	ドクターシーラボ	42.23	化　学	2012年7月
5	リニカル	38.92	サービス業	2012年3月
6	スタートトゥデイ	38.62	小売業	2012年3月
7	エムスリー	37.71	サービス業	2012年3月
8	日本M&Aセンター	35.36	サービス業	2012年3月
9	カカクコム	34.43	サービス業	2012年3月
10	1stホールディングス	34.31	サービス業	2012年2月

（資料）　日本経済新聞社のホームページを基に作成（http://www.nikkei.com/markets/ranking/keiei/roa.aspx）。
（注）　2013年3月6日現在。

この中で、本章は「収益性」について解説する。ここで主役になる会計指標はROA（Return On Assets：総資本利益率）という指標である。ビジネス活動から得られた利益（経常利益）を、活動の母体である企業の全財産（総資産）で割ったものだ。

$$\text{ROA（総資本利益率）} = \frac{\text{経常利益}}{\text{総資産（期首・期末平均）}}$$

この指標は、ビジネスに投下されているすべての資金を元手にした運用利回りを表す。お金を有効に使っているかどうかを示す指標であり、数ある会計情報による分析指標の中で最も重要なものだ。

ROAを計算するためには、「利益」と「企業の全財産」の算出方法を知る必要がある。それぞれ、利益は「損益計算書」、財産（資産）は「貸借対照表」というフォーマットで計算される。

これらの会計フォーマットを理解し、ビジネス活動の善し悪しを分析する情報として活用できるスキルを身につける必要がある。

2　貸借対照表と損益計算書

❶貸借対照表
貸借対照表は財産目録

　企業がどこからお金を調達し、どのような財産があるかを記述するフォーマットを貸借対照表と呼ぶ。貸借対照表は、その名のとおり、「貸方=表の右側」「借方=表の左側」を対照させた表である。ちなみに、貸し・借りという言葉に特段の意味はない。表は右と左に分かれており、それぞれ違う内容が記載されていることを頭に入れるだけでよい。

　表の左側に会社が持っている財産を記載する。会計用語としては「資産」という。右側にお金の出所を記載する。お金の出所は、返済が必要な「負債」と、支払い（返済）の必要のない「純資産」とがある。

　英語ではバランスシート（Balance Sheet）と称し、B/S（ビーエス）と略する。表の右側と左側の数値が一致（＝バランス）しているという意味である。ちなみに、インターネットなどで公にされている有価証券報告書のフォーマットでは、実は右と左に分かれていない。先に「資産」があり、その後に「負債」「純資産」が記載されている。

　貸借対照表は、お金の出し入れがあると数字が瞬時に変わる。したがって、表に記載されている数字は必ず「ある時点」のものだ。決算書の1つとして作成される貸借対照表は、決算日の営業

〈図3.2　貸借対照表の構造イメージ〉

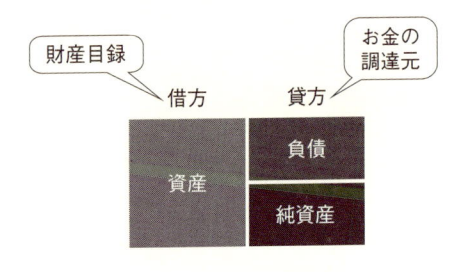

財産目録　　　　　　　　　お金の調達元

借方　　　貸方

| 資産 | 負債 |
| | 純資産 |

時間終了時点の財産状況を示している。

　なお、ROAの分母には、資産の合計額（＝総資産、負債と純資産の合計でも同じ金額）を用いる。ただし、具体的には期首と期末の平均値で計算する。

「資産の部」の基本的項目

　「資産の部」は、会社が所有している財産を示している。大きく分けて、上の方に「流動資産」、下の方に「固定資産」が記述される。以下、主な項目について簡単に説明する。

○流動資産

　「流動資産」は1年以内に現金に変わるもの（厳密に言えば変わるであろうもの）。言い換えれば、現金化することを前提にした資産である。

・現金及び預金

　資産の中で最も活用の自由度が高いのが現金・預金である。たくさん持っていると経営は安定するが、必要以上に持ちすぎてい

ると、お金を有効に使っていないと批判される。また、お金がたくさんあるのに株価が低いと、買収先として狙われやすくなる。

• 受取手形及び売掛金
　損益計算書上の「売上」は立っているが、お金をまだもらっていない状態のもの。買い手の予期せぬ倒産などで回収できない場合もある。取引先の与信が大事なのはこのためである。

• 棚卸資産
　「商品及び製品」「仕掛品」「原材料及び貯蔵品」などのいわゆる在庫である。これらの在庫はうまく販売できないと現金化できない。到底売れないような在庫だと、お金に替わる当てのない「不良資産」となり、お金のムダ遣いになる。

○固定資産
　1年以内には現金に替わらない資産。現金化が目的ではなく、長期的なビジネスの基盤として活用するものである。

• 建物／構築物／機械及び装置
　自社ビルや製造ラインの設備などが該当する。減価償却（66ページ参照）の対象となる主なものだ。減価償却対象の資産は、時間が経つと価値が少なくなるとみなされ、時間を追うごとに減額されていく。

• 投資有価証券
　長期の保有を前提とした株式などの金融的な資産である。

〈表3.2　トヨタ自動車の貸借対照表（平成25年3月期、単体）〉

(単位：百万円)

	前事業年度 (平成24年3月31日)	当事業年度 (平成25年3月31日)
資産の部		
流動資産		
現金及び預金	163,720	116,338
売掛金	1,026,650	943,100
有価証券	1,239,157	1,283,074
商品及び製品	154,854	153,710
仕掛品	74,323	75,865
原材料及び貯蔵品	103,290	94,046
未収入金	619,081	518,783
未収還付法人税等	20,391	−
短期貸付金	494,649	590,702
繰延税金資産	404,802	409,157
その他	12,007	17,033
貸倒引当金	△2,300	△1,200
流動資産合計	4,310,629	4,200,612
固定資産		
有形固定資産		
建物（純額）	356,071	359,978
構築物（純額）	40,574	39,386
機械及び装置（純額）	187,782	157,647
車両運搬具（純額）	17,255	16,055
工具、器具及び備品（純額）	61,914	59,084
土地	384,136	400,979
建設仮勘定	82,878	77,086
有形固定資産合計	1,130,612	1,110,218
投資その他の資産		
投資有価証券	2,752,772	3,646,313
関係会社株式	1,798,468	1,818,046
関係会社出資金	167,246	179,636
長期貸付金	29,182	15,352
従業員に対する長期貸付金	5	3
関係会社長期貸付金	170,541	149,685
破産更生債権等	0	0
繰延税金資産	136,183	−
前払年金費用	132,859	130,477
その他	5,964	6,048
貸倒引当金	△21,700	△21,600
投資その他の資産合計	5,171,524	5,923,964
固定資産合計	6,302,136	7,034,182
資産合計	10,612,765	11,234,794

(単位:百万円)

	前事業年度 (平成24年3月31日)	当事業年度 (平成25年3月31日)
負債の部		
流動負債		
支払手形	39	38
電子記録債務	279,916	253,421
買掛金	823,201	657,344
短期借入金	160,000	20,000
1年内返済予定の長期借入金	65,000	5,703
1年内償還予定の社債	150,000	120,000
未払金	322,054	341,517
未払法人税等	-	9,993
未払費用	351,761	397,552
預り金	663,112	641,141
製品保証引当金	442,278	537,172
役員賞与引当金	149	428
その他	44,816	60,392
流動負債合計	3,302,328	3,044,704
固定負債		
社債	380,000	340,000
長期借入金	9,982	-
退職給付引当金	273,356	277,999
資産除去債務	10,899	11,378
繰延税金負債	-	114,276
その他	1,532	63
固定負債合計	675,770	743,717
負債合計	3,978,099	3,788,422
純資産の部		
株主資本		
資本金	397,049	397,049
資本剰余金		
資本準備金	416,970	416,970
その他資本剰余金	-	
資本剰余金合計	416,970	416,970
利益剰余金		
利益準備金	99,454	99,454
その他利益剰余金		
特別償却準備金	885	1,627
固定資産圧縮積立金	9,641	9,633
別途積立金	6,340,926	6,340,926
繰越利益剰余金	148,968	655,963
利益剰余金合計	6,599,875	7,107,604
自己株式	△1,152,142	△1,149,599
株主資本合計	6,261,754	6,772,026
評価・換算差額等		
その他有価証券評価差額金	362,114	664,820
評価・換算差額等合計	362,114	664,820
新株予約権	10,797	9,525
純資産合計	6,634,666	7,446,372
負債純資産合計	10,612,765	11,234,794

「負債の部」および「純資産の部」の基本的な項目

　「負債の部」および「純資産の部」は、お金の出所を示している。「負債の部」は、大きく分けて「流動負債」と「固定負債」に分かれる。

○流動負債

　1年以内に現金として支払う必要のあるもの。当面の資金の手当てが必要なものである。

○固定負債

　1年を超えて返済すべき負債。流動負債より長い期間借りられるので、より安定した資金ということができる。

○純資産

- 資本金、資本剰余金

　株主から調達した資本は、このどちらかに計上される。

- 利益剰余金

　これまでのビジネス活動で内部留保された金額がここに計上される。

❷損益計算書
損益計算書は期間の収益を示す

　損益計算書は、ROAの分子、すなわち期間の損益を計算するフォーマットである。P/L（Profit and Loss：ピーエル）と略す。

〈表3.3 損益計算書の主な項目〉

売上	9,755,964	A
売上原価	8,459,467	B
売上総利益	1,296,497	C
販売費・一般管理費	1,054,364	D
営業利益	242,133	E
営業外収益	662,182	F
営業外費用	48,130	
経常利益	856,185	G
特別利益		H
特別損失		
税引前当期純利益	856,185	J
法人税等	158,424	K
当期純利益（税引後）	697,760	L
	(百万円)	

(トヨタ自動車の損益計算書より（平成25年3月期、単体))

損益計算書の主な項目は次のとおりである。

○売上（A）

　売上は、買い手から得られた対価である。売れた金額を積み上げればよいが、ことはそう簡単ではない。どの時点をもって「売れた」とみなすかという取り決めが必要である。スーパーなどの店舗であれば、買い手がレジでお金を支払ったときである。製造業では通常、製品倉庫から製品を積んだトラックが出発した時点で売上となる。

○売上原価（B）

　売上原価は、製品やサービスに直接関わる経費である。製造業

であれば「製造原価」と呼ばれ、原材料、工場などの直接製造に関わる人件費（労務費）、生産設備の減価償却費[*]、製造に関わる光熱費などを含む。

○売上総利益（C＝A－B）

売上から売上原価を引いたものが売上総利益である。「粗利（あらり）」と称することもある。これは、製品やサービスの付加価値を示す。売上高総利益率（売上総利益÷売上）は、ビジネスの収益構造を決める重要な指標である。

○販売費・一般管理費（D）

本社や営業費用など、製造に直接関わらない間接的な費用である。

○営業利益（E＝C－D）

企業の本業での収益額である。これがビジネス活動の基本的な成果ということができる。

○営業外収益・費用（F）

会社の本業とは異なる継続的な収入や費用である。費用の代表的なものは、借入金の支払利息である。

---

* 建物や機械など、数年以上の長期にわたって利用するもので、時間の経過によって価値が次第に下がっていくものについては、取得したときに一括で経費計上しない。そうすると、取得した年だけ必要経費が大きくなりすぎてしまい、企業の業績が適切に計算されないからである。したがって、取得金額を資産の使用する期間に分散させて経費計上する。この方法を減価償却と呼ぶ。

〈表3.4　トヨタ自動車の損益計算書（平成25年3月期、単体）〉

(単位：百万円)

	前事業年度 (自　平成23年4月1日 至　平成24年3月31日)	当事業年度 (自　平成24年4月1日 至　平成25年3月31日)
売上高	8,241,176	9,755,964
売上原価		
商品及び製品期首たな卸高	56,182	154,854
当期製品製造原価	7,838,065	8,453,987
当期商品仕入高	8,779	10,681
合計	7,903,027	8,619,523
他勘定振替高	5,918	6,345
商品及び製品期末たな卸高	154,854	153,710
商品及び製品売上原価	7,742,254	8,459,467
売上総利益	498,922	1,296,497
販売費及び一般管理費		
運賃諸掛	198,317	214,576
販売費	104,551	91,978
広告宣伝費	42,806	59,434
製品保証引当金繰入額	152,702	171,142
給料及び手当	129,426	139,214
退職給付費用	10,053	9,725
減価償却費	26,100	24,283
無償修理費	130,812	187,589
その他	143,957	156,419
販売費及び一般管理費合計	938,728	1,054,364
営業利益又は営業損失（△）	△439,805	242,133
営業外収益		
受取利息	9,317	9,206
有価証券利息	21,435	18,968
受取配当金	475,206	511,139
有価証券売却益	2,193	4,116
為替差益	31,092	31,324
雑収入	63,658	87,426
営業外収益合計	602,903	662,182
営業外費用		
支払利息	3,876	1,969
社債利息	8,601	7,648
固定資産処分損	7,994	7,490
有価証券評価損	98,605	11,102
寄付金	2,975	2,530
貸与資産減価償却費	1,216	962
オプション料	1,860	－
設変補償費	5,408	5,960
雑損失	9,460	10,464
営業外費用合計	139,999	48,130
経常利益	23,098	856,185
税引前当期純利益	23,098	856,185
法人税、住民税及び事業税	15,800	69,000
法人税等調整額	△28,546	89,424
法人税等合計	△12,746	158,424
当期純利益	35,844	697,760

○経常利益（G＝E＋F）

「経常」とは、「継続的」という意味である。単年度の特殊な利益変動を除いた利益であり、ビジネスの継続的な推移を見るのに適した数字である。企業の業績指標として用いられることが多い。

なお、一般的に、ROAの計算にはこの経常利益を使用する。

$$\text{ROA（総資本利益率）} = \frac{\text{経常利益}}{\text{総資産（期首・期末平均）}}$$

一般的に分子は経常利益を使用

○特別利益・損失（H）

その期間に特有の特別な収入や損失。たとえば、ある年に長期保有していた土地を売却し、利益を得た場合などである。

○税引前当期純利益（J＝G＋H）

経常利益に特別利益・損失を加えたものである。

○法人税等（K）

「税引前当期純利益」にかかる税金（法人税・住民税・事業税など）である。

○当期純利益（L＝J－H）

最終的に企業が自由に使えるお金である。厳密な意味での企業の利益はこれである。株式配当、役員賞与、内部留保などに配分する。

3　収益性を分析する

ROAを分解して収益性を分析する

　貸借対照表と損益計算書を理解したところで、ROA（総資本利益率）を向上させる視点を考えていく。

　ROAは、「売上」という変数を間にはさみ、「売上高利益率（経常利益÷売上高）」と「総資本回転率（売上高÷総資産）」に分解できる。これらをかけ算するとROAになる。ビジネスは売上を通じて利益を得る活動だから、売上を中間の変数とするのは妥当だろう。

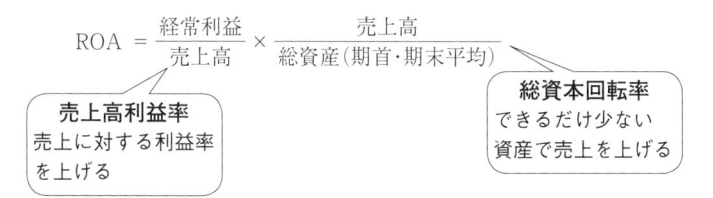

$$\mathrm{ROA} = \frac{経常利益}{売上高} \times \frac{売上高}{総資産（期首・期末平均）}$$

売上高利益率
売上に対する利益率を上げる

総資本回転率
できるだけ少ない資産で売上を上げる

　この式を見ると、ROAを上げるということは、売上に対する利益率を上げることと、少ない資産で売上を上げることであることが分かる。

　もし売上高利益率が一定であれば、売上が上がれば上がるほどROAは向上する。売上に伴って利益が比例的に上がっていくからだ。売上を上げることは、ROA向上のための重要な方策だが、それは一筋縄ではいかない。売上を上げるには、買い手の行動に影響を与える必要があり、それは直接コントロールできないものだからである。

　売上を上げることは「第Ⅱ部　マーケティング思考」の項でじ

〈図3.3　ROAの分解図〉

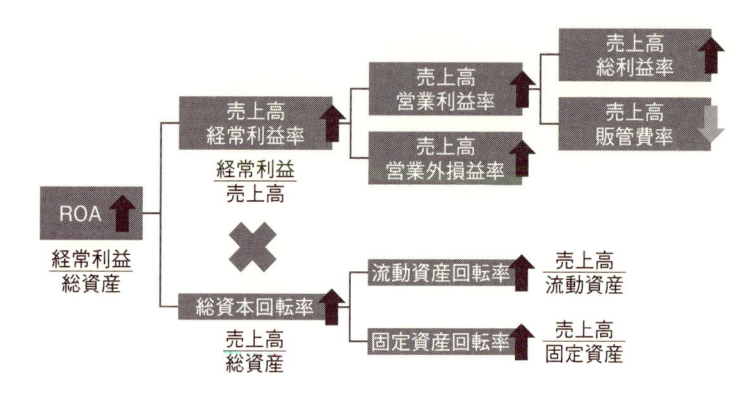

```
ROA ─┬─ 売上高経常利益率 ─┬─ 売上高営業利益率 ─┬─ 売上高総利益率 ↑
     │   経常利益/売上高    │                   └─ 売上高販管費率 ↓
     │         ×          └─ 売上高営業外損益率
     └─ 総資本回転率 ─┬─ 流動資産回転率 ── 売上高/流動資産
         売上高/総資産 └─ 固定資産回転率 ── 売上高/固定資産
```

っくり検討するとして、ここではすぐに着手できる策、すなわち売上を所与とした場合のコストダウン策や資金効率化策を考える。後で見るマーケティング思考や戦略思考を有効に企業価値に結びつけるために、常に収益性を追求する精神を持たなければいけない。

売上高利益率を上げる方法

$$\text{ROA} = \boxed{\frac{\text{経常利益}}{\text{売上高}} \uparrow} \times \frac{\text{売上高}}{\text{総資産(期首・期末平均)}}$$

ここでは、売上高経常利益率の向上を考える。以下は、経常利益を導く損益計算書の計算過程から得られる、特に重要と考えられる視点である。

①売上高総利益率を上げる　→売上高原価率を下げる

$$売上高総利益率 \uparrow = \frac{売上高 - 売上原価 \downarrow}{売上高}$$

　売上高原価率は、マーケティング施策に影響される。どのような製品をつくるかという製品施策で製品の物理的な構成が決まり、それにより原価が決まる。もちろん、原価を考えながら製品の構成を決めるといった方が正しいであろう。製造業であれば、原価の主な構成要素は原材料費、労務費、設備の減価償却費であり、これらをどのようにコントロールするかが課題になる。
　売上が一定の状況、すなわち定められたマーケティング施策、定められた生産量を前提とした収益性向上化策には、次のようなものがある。

1）原材料費を下げる
　原材料費を下げるには、より安価な材料に切り替える、より低価格な仕入れ先から調達する、特殊品から標準品に切り替える、材料のムダをなくす、部品を共通化して購買量を上げて単価を下げる、などがある。

2）労務費を下げる
㋐人の生産性を上げる
　同じ労働の量で生産量を高くすることである。1人の作業者が複数の工程ができるようにして作業のムダをなくす、製造に人が関与する度合いを低くする、人の作業を機械に置き換える、などである。

⑦賃金を下げる

　これは、往々にしてより賃金の安い地域で生産するという判断に向かう。たとえば、生産拠点を賃金の安い国に移転するといったことである。

⑨設備の生産性を上げる

　生産設備の稼働率や操業スピードを上げたり、不良率を下げたりして、設備の時間あたり生産量を増やすことである。

3）減価償却費を下げる

　減価償却費を下げるには、新規の設備投資をせずに、償却負担の軽くなった古い設備を利用することが考えられる。したがって、古い設備を使い続けるという発想になる。この発想は、原材料費や労務費負担が逆に増えるような、効率の悪い設備を使うことにもなりかねないので注意が必要である。

②売上高営業利益率を上げる　→売上高販管費率を下げる

$$売上高営業利益率 \uparrow = \frac{売上総利益 - 販売費・一般管理費 \downarrow}{売上高}$$

　「販売費及び一般管理費（販管費）」に計上される人件費は、直接製造に関わらない人員の費用である。給料以外にも企業が負担する社会保険、福利厚生費、退職金制度があればその積立金などを含む。企業は給料以外にも相当額を社員に対して支出しており、あなたが給料として受け取る額よりはるかに多くのコストがかかっている。

継続的な雇用を前提とした社員（いわゆる正社員）の費用は、売上や操業度の変動に影響を受けない固定費として認識される。昨今、単純な事務作業や来訪者の受付などの定型的・補助的な業務は、臨時雇用、派遣労働でまかなうことが多くなっている。
　では、そのような流れの中で、固定費となる組織に継続的に関わる社員はどのような仕事をすべきだろうか？　まさにそれこそが本書のテーマだ！
　なお、「販売費及び一般管理費」には、広告宣伝費、営業人員の人件費など、マーケティング活動の費用が含まれる。これらをどのように検討すべきかは、マーケティング思考の重要なテーマである。

③売上高経常利益率を上げる　→営業外損益を上げる

$$売上高経常利益率 \uparrow = \frac{営業利益 + 営業外損益 \uparrow}{売上高}$$

　企業は、定款により事業の範囲を定めている。事業の範囲内の収益は「売上」となり、それ以外のものは「営業外収益」となる。
　1990年前後のバブル経済の時期、本業以外の不動産業やゴルフ会員権の売買など、営業外利益の獲得に躍起になっていた。本業のアイデアが乏しくなると、営業外の活動にエネルギーを注ぎがちになるが、賢明ではない。営業外損益に過度にこだわらず、本業の将来価値を高めることこそ、ビジネスパーソンに求められる仕事である。

経験効果と標準化

ここまで、さまざまなコストダウンの切り口を見てきた。一般的にコストは、同じ仕事を繰り返し行い、習熟するにつれて下がっていく。製造工程も販売活動も、経験を積めば積むほど上手になっていき、ムダがなくなり、生産性が上がるからだ。特に製造部門において、製品をつくればつくるほど、すなわち累積生産量が大きくなればなるほど生産性が高くなり、利益幅が大きくなっていくことを「経験効果」と呼ぶ。

このことは、仕事の内容をころころ変えてはコストは下がらないことを意味する。仕事を標準化し、繰り返し行うことがコストダウンには重要なのである。また、未経験者をいち早く戦力とするにも、標準化された仕事、マニュアル化された仕事は有効だ。

このように、ビジネスの収益性を上げることを目的にすると、仕事の標準化を進める方向へ思考が向かうのである。

総資本回転率を上げる方法

$$\text{ROA} = \frac{経常利益}{売上高} \times \frac{売上高}{総資産(期首・期末平均)} \uparrow$$

次に、ROAの分解式の中で、総資本回転率を上げる方法を示す。先ほど解説した「売上高利益率」という考え方は比較的分かりやすいものだが、「回転率」という言葉は分かりにくい。

回転率とは、売上を上げるのにどれだけの資産を要しているかを考える指標である。分子は売上であり、分母は貸借対照表の資産の項目である。年間の売上と同じ額を資産に投じていれば、回転率は「1回転」である。その半分の資産で同じ売上を上げてい

るのなら「2回転」である。資産に投じたお金が、売上という形で年間何回戻ってくるかという指標である。

　総資本回転率は、数字が大きい方がよい。同じ売上を上げるにも、少ない資産で上げた方が効率がよいということである。回転率を向上させる取り組みは、売上に影響がないようにできるだけ資産を減らす取り組みということができる。身軽な経営を指向することである。

　では、貸借対照表の資産項目のなにを減らすことができるであろうか。多くの企業で取り組んでいる典型的なものは在庫を減らすことである。必要以上の在庫を抱えることは、それだけ不必要な資金を費やしていることになるのだ。

　また、在庫は買い手にわたり、対価を得られて初めて金銭的価値を持つものだが、貸借対照表上は、費用を費やして原材料を貯蔵したり、製造して製品倉庫に入ったりした時点で「資産」となる。売れる当てがある以上は文字どおり資産だが、その確証が低ければ価値のない物体にすぎなくなる。したがって、売れることが確実なものとそうでないもので在庫の意味が変わる。在庫は悪だといわれる背景には、製品の陳腐化が早くなり、時間が経てば経つほど売れる可能性が減るという前提があるのだ。

　在庫に限らず、必要以上に立派な本社、オーバースペックの生産設備などの過剰な固定資産も、企業価値の観点からはまったく歓迎されないものだ。変化が激しい時代では、機動的なビジネスが志向されているのである。できるだけ身軽な資産で売上を上げるのが賢いビジネスなのだ。

第3章のまとめノート

✓ ビジネスの利回り
　　ROA＝経常利益÷企業の総資産

✓ 貸借対照表
　　財産目録
　　お金の調達方法

✓ 損益計算書
　　期間の収益

✓ ROAを上げる視点
　　売上高経常利益率（＝経常利益÷売上高）を上げる
　　総資本回転率（＝売上高÷総資産）を上げる

第Ⅱ部 マーケティング思考
Marketing
顧客に視点を置く

第4章 モノを買うとはどういうことか

1 売上を偶然に委ねない

売上を上げる方法を考える

　第Ⅱ部では、ビジネス思考の本丸、売上を上げることについて考えていく。第Ⅰ部の会計思考では、企業価値というビジネスの成果および意思決定の基準を学んだが、なにがゴールであるかを知っただけにすぎない。残念ながら、会計思考はゴールの方法についてはなにも語ってはくれない。ここからは、シュートの打ち方、すなわち売上を上げるための思考にテーマを移す。

　私たちは、売上を上げるために製品やサービスをつくり、買い手に提示する。買い手はその製品の価値と価格を吟味し、それが妥当だと判断すれば対価を支払い、売上としてお金が戻ってくる。ただ戻ってくるだけでなく、費やしたお金より多くのお金が戻ってくる。この繰り返しが企業価値を生む。このメカニズムがビジネスの心臓であり、生命の源である。

　売上を上げるための手段は製品、サービス、広告、営業活動といったものであり、これらをいかに効果的に行うかを考えることがマーケティング思考である。

売上の分解

　マーケティングを考える前提として、まず売上を導く式を考える。売上をどのような要素に分解するかで思考の矛先が変わることを確認してほしい。

売上の分解式①　売上＝価格×数量

　製品価格に販売数量を掛けたもの。意識の焦点はモノ（サービス）のコントロールであり、内部のオペレーションに意識が向けられる。製品をどれだけの量つくるか、そのためにどれだけの設備と人員が必要か、できた製品をどのくらいの広さの倉庫に保管するか、などである。組織内部のマネジメントには有効であるが、買い手や社会全体に意識が広がりにくいのが難点である。

売上の分解式②　売上＝客単価×客数

　販売の局面を意識したもの。お客さん１人がどの程度購買するか、およびお客さんの数はどの程度かに売上を分解する。意識の焦点はお客さん（買い手）であり、マーケティング思考で着目するのはこの関係である。

　マーケティング思考は、組織の外にいる買い手に目を向ける。視点を買い手に置くのである。天空からの航空写真、普段見ることのない角度で自分が映る三面鏡のように、見慣れない視点から社会を見るのである。買い手がどのように製品やサービスを選択するかといった、買い手から見える世界を定義し、そこに向けて持っている技術やノウハウを活用するのである。

〈図4.1　キャッシュフロー全体におけるマーケティング思考の領域〉

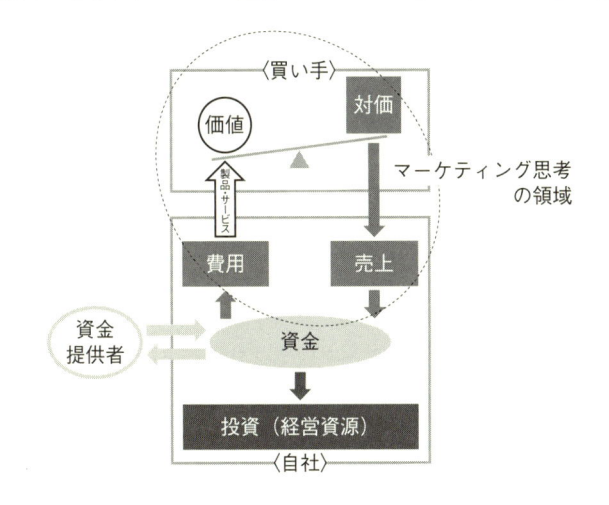

売上の分解式③　売上＝市場規模×市場シェア

　まず、当該ビジネスにはどの程度の規模の市場があるかを考える。市場規模とは通常、ある範囲の市場の1年間の売上金額合計を指す。その上で、自社のシェアを考慮し、売上を算出する。

　全体の需要の大きさを前提に競合との関係を考慮する、戦略思考の発想ということができる。

売上を偶然に委ねない

　さて、私たちが売上をいかに上げるかを考えるとき、偶然とは違う必然をつくりたいと考える。売上は買い手の自由意志の結果だが、できるだけ買い手の振舞をコントロールして、必然的な売上をつくりたい。売上を偶然や人任せにせず、自力で売上をつくる能力を持ち、企業価値を上げたいのだ。これこそがマーケティ

〈図4.2　会計思考とマーケティング思考の重なり〉

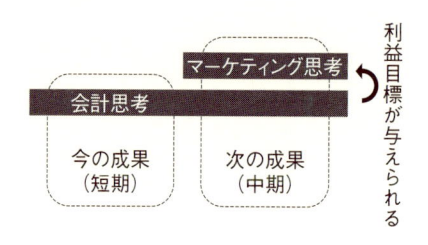

```
         ┌─────────────────┐
         │  マーケティング思考  │   利
    ┌────┤                  │   益
    │会計思考│                 │   目
    │    │                  │   標
    │今の成果│    次の成果      │   が
    │(短期)│    (中期)       │   与
    │    │                  │   え
    └────┴──────────────────┘   ら
                                 れ
                                 る
```

ング思考のテーマである。

　先ほどの「売上の分解式②　売上＝客単価×客数」に着目し、売上の不確実さを低くするための課題を整理すると次のようになる。

①顧客の維持・拡大

　客数を増やすことの不確実さを減らすためには、1度買ってくれた買い手にリピーターになってもらうことである。このことは、継続的にお客さんとなる可能性のある「顧客」を維持・拡大することと表現できる。

②売れる仕組みづくり

　もう1つは、客単価と客数が望ましいバランスになるように、価格設定と売上獲得の手段（製品、広告宣伝、販売活動など）をコントロールすることである。これらは、一般的に「売れる仕組みづくり」と称されている。

　マーケティング活動には、その制約条件として、利益目標が設定されているはずだ。図4.2のように、「次の成果」の利益目標が会計思考により定められ、それを踏まえてマーケティング活動

を企画しなければいけないのだ。したがって、要求された利益目標を達成するように「売れる仕組み」をつくることが課題となる。

マーケティングの定義

ここまでのところをまとめて、本書では次のようにマーケティングを定義する。

【本書でのマーケティングの定義】

> 顧客の維持・拡大を目的とし、利益目標を制約条件として売れる仕組みをつくること

目的は「顧客の維持・拡大」であり、利益目標は「売れる仕組み」をつくる上での制約条件としている。会計思考でお金に向けられていた意識を、マーケティング思考では顧客に向けるのである。

ちなみに、アメリカ・マーケティング協会（AMA）のマーケティングの定義は次のようなものだ。

"Marketing is the activity, set of institutions, and processes for creating, communicating, delivering, and exchanging offerings that have value for customers, clients, partners, and society at large. (Approved October 2007)" (http://www.marketingpower.com/AboutAMA/Pages/DefinitionofMarketing.aspx)
「マーケティングとは、顧客、依頼人、パートナー、社会全体にとって価値のある提供物を創造・伝達・配達・交換するための活動、一連の制度、プロセスである。(2007年10月改訂)」

本書の定義よりも広い範囲をカバーし、ビジネスそのものの定義といってもよいくらいである。AMAでは、数年に1度、マーケティングの定義を改訂しており、上記の定義は2007年に改訂されたものだ。このことは、時代とともに、マーケティングで扱うテーマが変遷していることを意味している。
　どのような言葉が正確にマーケティングを表すかといった、学術的な議論は専門の研究者に任せよう。本書では、「顧客」「売れる仕組み」を軸に、売上を偶然に委ねない思考方法に焦点を当てていく。

2　未来の買い手を増やす

顧客とはなにか
　売上を偶然に任せないための第一の方法は、1度お客さんになった人をリピーターにすることである。
　今の買い手をいかに満足させ、次の購買の可能性をいかに高めるか。また、今は買い手でない人にどうアクセスし、買ってもらい、さらに次の購買の可能性につなげるか。このことは、ビジネスの安定におおいに貢献する。このような、次の購買が期待できる買い手を「顧客」と呼ぶ。
　「買い手」は、顕在的および潜在的な需要全体を指す。「顧客」は、「買い手」の中で継続的に自社に関心を持ち、機会があれば将来買ってくれる可能性のある人である。今すぐ買ってくれなくてもいずれ買ってくれる可能性を持っている人である。マーケティング活動は、このように長く付き合いたいという意図を持った「顧客」に向かって行われる。顧客は社会全体の人々の一部であ

〈図4.3　顧客とは〉

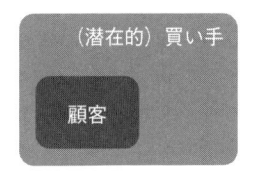

（潜在的）買い手

顧客

るから、「顧客を絞り込む」という発想になる。買い手は自由意志で製品（サービス）を選ぶが、売り手も顧客を選ぶのである。

　ある「買い手」が「顧客」に進化するには、製品（サービス）の利用経験、アフターサービスなどのコミュニケーションも含めた満足感が大事になる。売り手としては、目の前の売上、すなわち購買意思決定の瞬間への目線と、将来の売上、すなわち継続的な満足への気配りの両方が必要になる。

　数多くの経営書を記したP. F. ドラッカー氏は、企業の目的は「顧客の創造」であると説いた。顧客という将来の買い手候補者のストックを増やすことが、企業価値の向上に決定的に重要であることを示している。継続したビジネスによって、顧客を積み上げていくのである。

　ここからの説明では、「買い手」という言葉にかわり、意図された対象として「顧客」という言葉を使っていく。ただし、購買のメカニズムなど、一般的な解説の際は「買い手」という言葉を使う。

ブランドはあらゆる企業に必要

　「顧客の維持・拡大」を目的にすると、買い手との取引は１度きりではなく、将来にわたって複数回行われることが前提となる。

そうなると、1つひとつの製品（サービス）の善し悪しだけではなく、それらを提供する組織（企業）の評価が重要になる。この企業と将来も付き合っていく気があるかどうかが問題になるからである。したがって、継続的な価値提供を保証する記号、すなわち「ブランド」が不可欠になる。

　ブランドという言葉は、「焼き印を押す」を意味する"Burned"から派生した言葉である。放牧してある自分の牛を他人の牛と識別するためにつけた印のように、他の製品と自社の製品を区別するネーミングやシンボルマークのことである。ブランドにより、製品やサービスの善し悪しから、人の集団に関心が向けられるのである。

　たとえば、「Bally（バリー）」というスイスのブランドがある。靴やかばん、アパレル製品が有名である。いささか値が張ったが、筆者はこのブランドのカジュアルなバッグを購入したことがある。このデザインの秀逸さは、他の有名ブランドほど押し出しが強くなく、かつ知っている人から見ればこれはBallyだとはっきり分かることである。しばらくして、妻も同じブランドのバッグを買った。筆者のバッグが実用的で、大げさでない程度におしゃれであると思ったのであろう。

　こういったブランド品を持つことのうれしさはなんだろうか。それは製品（サービス）を通じた1つの社会集団に属している安心感、所属感である。それはスポーツでユニホームを身にまとった一体感に近い。製品そのものの機能的価値を超えて、そのブランドを所有すること自体が価値なのである。それはなにも高級ブランドだけのことではない。ベーシックな衣料ブランドを好んで着ることは、製品の機能面の満足に加え、「賢明さ」や「合理

性」という価値観を満足させる。

　顧客と継続的に付き合うことを前提とすると、ブランドを認知してもらうことはあらゆるビジネスにとって必須となる。大企業であろうと街の居酒屋であろうと、個々の製品（サービス）ではなく、継続的に顧客の記憶に残るブランドに対して価値を認知してもらわないといけない。法人を顧客とするビジネスであっても、「〇社さんなら信用できる」といってもらえるなら、立派な企業ブランドである。

　ブランドはあった方がよい、というものではない。あらゆるビジネスにとって、顧客の心に住み着くブランドを築くことが不可欠なのである。

3　売れる仕組みをつくる

マーケティングの4P

　夏の暑い日に、外に出かけている途中でのどが渇いた。あたりを見渡すと、次の交差点に自動販売機があって、これ幸いとスポーツドリンクを買ったとする。

　あなたは気がつかないが、このあたりは近くに公園があるので、のどが渇きやすい場所であること、自動販売機が目につきやすい交差点に置かれていたこと、いくつか自動販売機があったにもかかわらず、見慣れたメーカーのマシンを選んだこと、水分を補充する機能飲料であることをTVのコマーシャルで知っていたこと、価格は相場どおりの150円だったこと。これらが事前に計画され、結果的にあなたは高い確率で、そのドリンクを買うように誘導されていたのである。あなたからすれば「たまたま」買った

〈表4.1　マーケティングの4P〉

Product	製　品	スポーツドリンク （水分補給する機能）
Price	価　格	150円 （相場通り）
Promotion	販売促進 （製品の存在や価値を伝えること）	見慣れたメーカー、 TVコマーシャルの記憶 （安心感、好奇心）
Place	流　通 （製品を顧客の手元に届けること）	自動販売機 （公園の目のつきやすい場所に設置）

ものでも、売り手からすれば「必然」の売上だったのだ。

「売れる仕組み」とは、このような、購買される確率が高くなるような周到な企てのことであり、その手段は**表4.1**のように整理することができる。

顧客が納得する製品（Product）、上手な販売促進（Promotion）、製品の価値とバランスの取れた価格（Price）、顧客の手間をできるだけ省く流通方法（Place）を企画することがマーケティング施策であり、マーケティング思考のアウトプットである。

これらが売上獲得の主たる手段であり、マーケティング施策と呼ばれるものだ。一般的に英語の頭文字を取って「4P」と呼ばれている。マッカーシーという人が1960年代に整理したことなので、ビジネス界では随分と息の長い言葉である。この4Pはそれぞれ単体で存在するのではなく、合わせ技だということで「マーケティングミックス」とも呼ばれる。

ちなみに、本書では旅行商品、ホテルの宿泊サービスなどのサービスもProductに含めて考える。以降では「製品（サービス）」

という併記を基本とする。

セリングの必要性

　筆者が自宅のリフォームをする際、2社から見積もりを取った。結果的に仕事を依頼したリフォーム店の店長は知識が豊富で人当たりもよく、とても信頼できる人だった。しかし、その他の社員はいささか頼りなく、その店長が交渉の窓口でなかったら頼まなかっただろう。また、工事の采配もこの店長が一手に行っていた。このリフォーム店の売上は、明らかに店長の力量に頼っている。

　売買の交渉において、購買の決定に直接つながる働きかけを「セリング(selling)」と呼ぶ。人当たりのよい態度、顧客の意図をくんだ応対、スピーディーな見積もり、そして「私にお任せください」という一押し。あらゆる製品（サービス）の販売において、このような働きかけは顧客の心を決める重要な手段である。店長のセリングが筆者には響いたのだ。

　セリングの一押しがないと、ものを買ってくれる可能性はずいぶんと低くなる。熱心な接客、頭を下げた頼み込み、断られる覚悟の飛び込み営業など、人間の汗は少なからず功を奏する。

マーケティングはセリングを不要にする

　セリングの能力は、リフォーム店の店長のように個人のスキルに大きく依存する。彼の経験、知識、人となりを省いて彼のセリング能力は語れない。個人のスキルにはばらつきがあり、よく売る人とそうでない人の差が大きくなる。たとえば、生命保険の営業パーソンの業績は大きなばらつきがある。彼（女）らは販売額に応じた報酬体系であり、年収数千万円の高所得者から、売上が

悪くて退社を余儀なくされる人まで、その差は大きく開いている。

　ドラッカー氏は、「マーケティングはセリングを不要にするもの」と説いた。主著『マネジメント』の中のほんの1文であるが、マーケティングという言葉を説明するときに多くの教科書で引用されている。個人のスキルにできるだけ頼らずに、顧客を購買決定まで導く組織をあげた活動が売れる仕組みであり、マーケティング活動である。

マーケティング施策と会計情報

　ここで、会計思考との関連を見るために、マーケティング施策が会計情報としてはどのように記録されるかを解説する。

①製品

　製品づくりのコストは、製造原価として計上される。製造原価の内訳は、製造原価明細書に記載される。また、小売業、卸売業など製造工程を持たない企業は、商品の仕入額が売上原価として計上される。

　また、長期的な製品開発の活動コストは、通常は一般管理費の中の研究開発費として計上される（ただし、研究開発費の計上には細かい規定があるので、詳細は専門書を当たってほしい）。

②価格

　価格は、マーケティング施策の中で唯一売り手の費用が生じない施策で、利益に直結する。私たちは1円でも高く売ることにこだわりたい。

　価格と売上原価の差額が売上総利益である。売上に対する売上

総利益の比率（売上高総利益率＝粗利率）は事業の基本的な体質を示す。粗利率が大きければ、比較的少量の販売量で営業利益を出すことができ、広告宣伝費や営業人員を潤沢に投入できる。医薬品や化粧品は粗利率の高い製品の代表例である。逆に粗利率が小さければ、しかるべき固定費をまかなうために、相当の販売量を獲得する必要がある。

③販売促進

　販売促進のコストは、会計上では一般的に「販売管理費」の中の「広告宣伝費」「販売促進費」に計上される。また、販売に携わる営業パーソンの人件費も販売促進のコストとみなすことができる。

④流通

　流通の費用を会計情報から読み取るには少々知識が必要である。なぜなら、一般的に損益計算書には現れないからだ。メーカーが問屋や商社を活用するコストは、費用の項目には現れない。それは、売上に現れる。同じ製品（サービス）でも、メーカーが直接エンドユーザー（消費者）に販売すると、中間流通業者に販売するよりも高く売ることができる。逆に、流通業者を介して販売すると、同じ数量を販売しても売上金額が減少する。

　直接販売（直接流通）にすれば見かけの売上は上がるが、利益が増えるかといえば、そうは簡単にはいかない。自前で販売活動をするためには、そのための体制をつくる必要があるし、活動の費用もかかる。そのため、人件費や広告宣伝費が流通業者を活用する場合に比べて増大し、販売管理費を押し上げる。企業組織の

能力を見すえ、流通施策を吟味する必要があるのである。

4 だれに・なにを・どのように

4つのPを上手に企画すること

　売れる仕組み、すなわちマーケティングの4Pをどのように設計するか。セールスマンが口から泡を飛ばして一生懸命トークしなくても、4Pを上手に組み合わせて顧客が自ら"生け簀"に流れ込んでくるようにしたい。もちろん、魚の漁のように"定置網"を設計することは不可能だが、目指すのはそのようなことである。

　4Pを世に出すことはなにも特別なことではない。どんな企業にも4Pは存在する。どんなにいい加減な経営をしていても、なにがしかの売上があるとすれば、必ず4Pは存在する。何らかの経路で製品（サービス）を告知し、もちろん製品（サービス）そのものがあり、値段があり、顧客にそれを届ける手段がある。だから、マーケティング施策を検討する目的は単に4Pをそろえることではない。問題はそれらの質である。より多くの顧客に支持が得られ、収益が上がるように4Pの質を高めることである。

価値の対価として売上を得る

　いかに4Pの質を高めるか。それは、徹底的に顧客の立場に立って考えることである。

　ある製品やサービスに目がとまる。価格を見て、妥当だと納得すれば購入する。お代は製品（サービス）の対価である。より正確にいうなら、製品（サービス）によって顧客が得られる「価

〈図4.4　価値と価格の天秤図〉

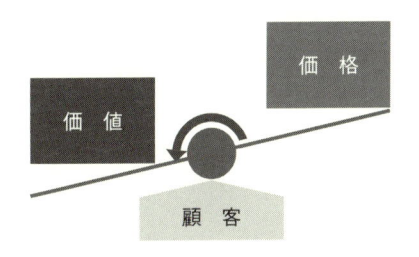

値」に対して対価を払う。私たちは、価値と価格を天秤にかけ、価値の方が高い（重い）と感じるとき、モノを買う。

　顧客の世界の最も単純なモデルがこれである。売り手としては、対価を得られるような価値を、製品やサービスを通してつくらなければならない。昔の職人なら、満足な仕事ができればお代はいらないという人もいるかもしれない。しかし、私たちはビジネスパーソンなのでそうはいかない。適切な対価をもらい、次の活動につながるというサイクルを回さなければならない。

価値を見すえる

　売り手としての私たちは、目に見える製品やサービスそのものではなく、それらを通じて顧客が感じる「価値」に注意を払わなければいけない。

　たとえば、今筆者の手元にあるビジネスバッグなら、ものをしまうという収納性、手にすることがうれしくなるファッション性が私にとっての価値である。収納性といっても、あくまで「私にとって」の収納性である。ファッション性といっても、あまり多くの人が持っているようなのは嫌だ。「それなりの」高級感も欲

〈図4.5　売り手と顧客をつなぐ価値の媒体〉

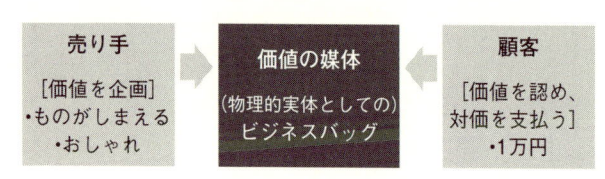

売り手	価値の媒体	顧客
[価値を企画] ・ものがしまえる ・おしゃれ	(物理的実体としての) ビジネスバッグ	[価値を認め、対価を支払う] ・1万円

しい。なんとも主観的でわがままな価値である。そして、多分自分自身でも気づいていない、言葉にできない価値もあるはずだ。そこを売り手は探り出さなければならない。

　それらの価値を製品（サービス）という媒体を通して受け取り、私はそれらの価値に対してお金を払う。あくまで対価は「ものがしまえる」「おしゃれ」といった価値に対してであって、製品（サービス）そのもの（素材、色、大きさ、形、重さなどの物理的な実体）に対してではない。

　売り手がこしらえた製品（サービス）が、1人ひとりの顧客に価値として届くかどうか。一見強欲に見える利益追求の裏側にあるビジネスの本当の顔は、顧客に価値を提供する細やかな気配りに満ちている。その利益追求の「欲」と「気配り」の変換メカニズムが、市場社会を倫理的に成立させている根本原理である。

　それがゆえに、経営学者の加護野忠男氏のように、「利益追求は利益にならない」（『経営の精神』）という矛盾した表現が可能になる。お金に意識を向けるのではなく、顧客の価値に注目することが、結果として利益をもたらすのである。

　市場社会に生きる私たちの生活は、もとをたどれば買い手の自由意志に全面的に依存している。買い手は気まぐれで、買ったり買わなかったりする。売り手の生活はそういうきわめて曖昧な基

盤の上に立っている。身分や階級が収入を保証する社会ではない。この安定感のない、土台がゆるゆるの脆弱性が、私たちの行動を顧客への奉仕に向かわせる。顧客に否定される恐怖と戦いながら、細心の注意をもって顧客の心理を想像し、策を練るのである。

顧客から見た４Ｃと売り手の４Ｐ

売り手のマーケティング施策は、「製品（Product）」「価格（Price）」「販売促進（Promotion）」「流通（Place）」であった。それぞれについて、顧客から見た言葉を対応させてみよう。「顧客価値（Customer Value）」「費用（Cost）」「コミュニケーション（Communication）」「利便性（Convenience）」となる**（表4.2）**。英語表記を見ると、頭文字がすべてＣになるので、「４つのＣ（４Ｃ）」と呼ばれている。うまい言葉を当てた人がいるものだ。

この中で、「顧客価値（Customer Value）」は、先に記述したように、製品（サービス）によってもたらされる価値である。これが購買の中心的な価値であることに異論はないだろう。先ほどのビジネスバッグの例でいえば、収納性、ファッション性といったものだ。

「費用（Cost）」は価格に対応する言葉だが、これも特段の解説は必要ないだろう。３万円という価格であれば、顧客の費用も３万円である。

「コミュニケーション（Communication）」は「販売促進」に対応した言葉である。販売促進という言葉は、一方的に売り手から買い手に対して働きかけるというニュアンスが強い。それに対してコミュニケーションとは、売り手と買い手の双方向のやりとりを示した言葉である。買い手の立場に立つと、自ら情報収集したり、

〈表4.2 ビジネスバッグの例の4Pと4Cの対応表〉

売り手の言葉	顧客の言葉
製品（Product） （手元にある）ビジネスバッグ	顧客価値（Customer Value） 収納性、ファッション性
価格（Price） 3万円	費用（Cost） 3万円
販売促進（Promotion） ホームページ 百貨店・専門店の店頭 パンフレットなど	コミュニケーション（Communication） インターネットでブランド比較 百貨店の店頭を見て回る 友人に聞く
流通（Place） 百貨店・専門店 ネット販売店	利便性（Convenience） 入手に時間がかかっても可 価格が安い方がよい

疑問に対して問いかけたりすることも含め、どのような情報が得られたかが問題になる。ビジネスバッグの例であれば、インターネットでさまざまなブランドを比較したり、百貨店の店頭を見て回ったり、知識が豊富な友人に聞いたりする行為が顧客側のコミュニケーションである。「コミュニケーション（Communication）」は、購買を積極的に後押しするものなので、「顧客価値（Customer Value）」とともに、天秤の左側に位置するものとしてイメージすることができる。

「利便性（Convenience）」は、いささか聞き慣れない言葉である。これは「流通（Place）」に対応し、顧客は製品の配達の迅速さや、ミスのない据え付け工事などの「便利さ」を求めるということを意味する。「利便性」も購買を後押しするが、たとえそれが素晴らしかったとしても、購買を積極的な理由となる価値にはならない。そもそも欲しくないものを、隣の店で売っているから便利というだけの理由で買うことはありえない。したがって、利便性は

〈図4.6　4Ｃの天秤図〉

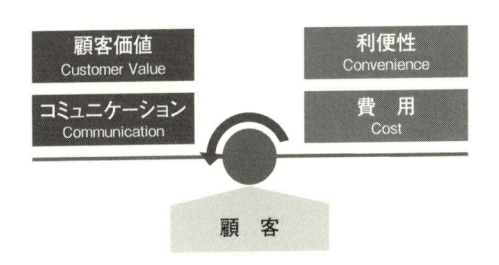

費用と並んで天秤の右側に位置するものとして理解すべきである（購買の障害だから、「不便性」とでも称すべきだろうが、一般的な用語として「利便性」という用語を用いる）。利便性が高まれば高まるほど、購買の障害となる右側の重しは軽くなり、天秤が左に傾きやすくなる。

　ビジネスバッグの例であれば、顧客（筆者）は入手まで時間がかかってもよいから価格が安い方を好み、インターネット販売を活用した。自宅まで配送してくれるということ以外、特段の利便性は求めなかった。

　以上のような、顧客の頭の中の４Ｃを自社に有利にすることが売り手の課題である。しかし、４Ｃは売り手が直接的にコントロールすることはできない。呪術による洗脳で顧客の心を操作することはできない。この４Ｃに間接的に影響を与えるように４Ｐを設計すること、購買の天秤が左に傾くように４Ｃを想定し、その手段としての４Ｐをアウトプットすることが私たちの課題である。

顧客ターゲット

　購買の意思決定は、顧客のきわめて個人的な決定である。同じ

製品（サービス）を前にしても、顧客1人ひとりの頭の中で、別々の天秤が動いている。しかし、人によりまったく違うかといえば、そういうことでもない。ビジネスバッグであれば、なによりもパソコンの収納性を重視する人はある一定層いるだろう。また、押し出しの強い派手なカラーを好む層もいれば、かちっとしたビジネスライクなデザインを好む層もあるボリュームとしているだろう。

このように、人の好み、嗜好には何らかの共通性があり、いくつかのまとまった集団があると考えることができる。天秤の動きに影響を与える要因が共通する人たちである。その、ある価値観を持った人の塊をマーケティング企画の狙いとすることを「ターゲティング」という。もちろん、そのターゲットは、将来の購買の可能性を持った「顧客」なので、「顧客ターゲット」と呼ばれる。4Cがどのように想起されるのかを考えるために、顧客ターゲットを定めることは必須である。

コンセプトとアイデア

ここまでの話をまとめると、顧客はどのような人か（だれに＝ターゲティング）、どのような価値を提供するのか（なにを＝4C）、どのような手段で実現するのか（どのように＝4P）、の3つの要素がマーケティングの骨格とみなすことができる。マーケティングの企画とは、「だれに」「なにを」「どのように」を規定する活動である。

「だれに」「なにを」を組み合わせた表現を一般的にコンセプトと呼ぶ。「どのように」が具体的な形を伴った手段（4P）である。これらは企画においてバラバラにすることはできない。「どのよ

〈図4.7　マーケティングの骨格図〉

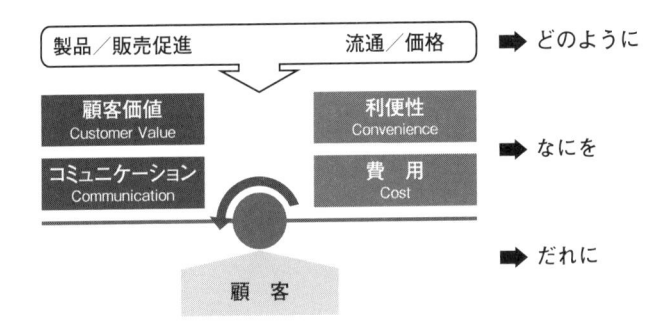

製品／販売促進　　流通／価格	➡ どのように
顧客価値 Customer Value ／ 利便性 Convenience	➡ なにを
コミュニケーション Communication ／ 費用 Cost	
顧客	➡ だれに

うに」がないコンセプトは単なる絵空事だし、コンセプトのない「どのように」は単なる思いつきである。「だれに」「なにを」「どのように」の3つがそろって初めて企画と呼べるものになる。

「だれに」を起点にするのがマーケティング思考

　どんな企業にもマーケティング施策はあると先に記した。しかし、今までの活動の延長で同じようなサービスを続けていたり、技術的な制約から新たな製品が開発できずにいたりする企業が多いのも事実である。発想が「常識的」になり、手詰まりになっている状態である。その状態を打破するための手がかりが「だれに」「なにを」のコンセプトである。

　コンセプトを考える起点は「だれに」である。これまで培ってきたノウハウや技術などの社内の事情から離れ、ターゲットとする顧客の事情を最優先として、「なにを」求めているかを想像するのである。「だれに」を起点にし、その彼（女）が求めるであろう「なにを」を想定する。その上で、「なにを」を実現する手段として、「どのように」を複数考える。このように「だれに」

〈図4.8 「だれに」を起点にしたロジックツリー〉

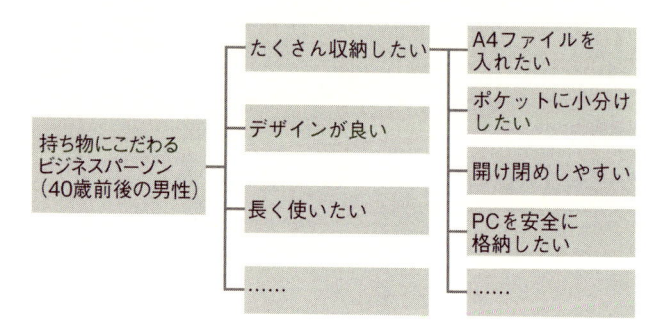

```
持ち物にこだわる          ├─ たくさん収納したい ──┬─ A4ファイルを入れたい
ビジネスパーソン         │                      ├─ ポケットに小分けしたい
（40歳前後の男性）       ├─ デザインが良い       ├─ 開け閉めしやすい
                         ├─ 長く使いたい         ├─ PCを安全に格納したい
                         └─ ……                  └─ ……
```

を起点としたロジックツリーを作成することが、マーケティング思考の核心といってもよいであろう。

　図4.8の例では、顧客ターゲットを「持ち物にこだわるビジネスパーソンで、40歳前後の男性」としている。彼が求める価値にはどのようなものがあるかを想定する。「たくさん収納したい」「デザインがよい」「長く使いたい」などが想定される。もちろん、これらよりもっと多くのことが挙げられるだろう。この中の「たくさん収納したい」に着目すると、それは「A4ファイルを入れたい」「ポケットに小分けしたい」など、さらに細かく分解できる。

　発想のポイントは、顧客ターゲット（持ち物にこだわるビジネスパーソンで、40歳前後の男性）から直接つながるレベルで、さまざまな切り口の価値を挙げることである。「たくさん収納したい」「デザインがよい」だけではなく、「自転車通勤に使える」「高級時計とマッチする」など、ターゲット層の生活シーンを想定して、アイデアを広げることである。

〈図4.9　差別化の視点〉

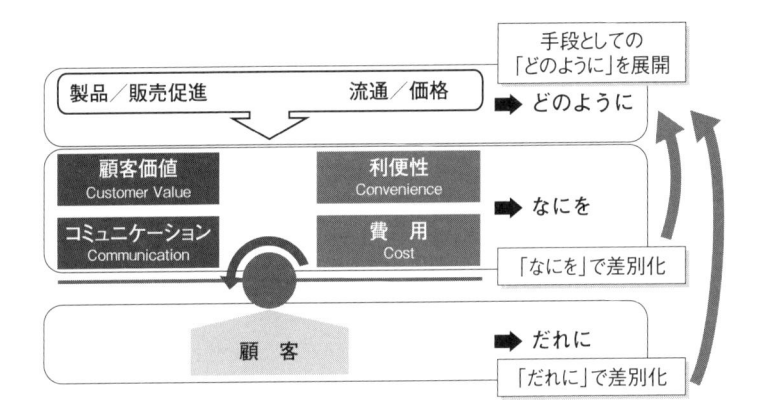

製品／販売促進　　流通／価格	➡ どのように	手段としての「どのように」を展開
顧客価値 Customer Value / 利便性 Convenience / コミュニケーション Communication / 費用 Cost	➡ なにを	「なにを」で差別化
顧　客	➡ だれに	「だれに」で差別化

マーケティング施策を検討する差別化の視点

　ここまで議論したマーケティングのフレームから、マーケティング施策を差別化する視点が得られる。差別化とは、マーケティング施策が顧客に受け入れられ、かつ競争相手よりも評価されるようにすることである。

　さて、先に記したマーケティングの骨格図を見ると、まず「だれに」で差別化するという視点が得られる。他社と異なる顧客ターゲットとすることである。

　次に、「なにを」で差別化することが示唆される。4Cの各要素、「顧客価値」「コミュニケーション」「費用」「利便性」のそれぞれで差別化することである。その手段はもちろん「どのように」、すなわちマーケティング施策（4P）である。ここで強調したいのは、いくらマーケティング施策を変えたところで、「なにを」、すなわち顧客が感知する4Cのレベルに影響を与えなければ意味がないということだ。

4　だれに・なにを・どのように　　101

さらに、個別の４Ｃではなく、業界における４Ｃの構造そのものを変えてしまうような施策、いわば競争のルールを変えてしまうような施策も考えることができる。たとえば、業務用のソフトウェア市場で、ソフトウェア自体を無料にして追加的な有料オプションで対価を得るといったことである。

　次章からは、それぞれの視点を詳しく見ていく。マーケティング思考の起点は「だれに」だから、そこから触れるのが本来の順番である。しかし、「だれに（顧客ターゲット）」を定めるには、人々が「なにを」求めているかの洞察が必要である。それを磨くには、血眼になって人間を見つめるだけではダメである。何らかの着想を得るためには、「なにを」「どのように」の知識をあらかじめ持っておかなければならない。

　したがって、先に「なにを」の差別化方法について詳しく見ていき、発想の手がかりとなる知識の引き出しを増やすこととする。

第4章のまとめノート

✓ 顧客の維持・拡大
    将来の購買が期待できる人を増やす

✓ 売れる仕組み
    マーケティングの4P

✓ マーケティングの定義
    顧客の維持・拡大を目的とし、利益を制約条件として売れる仕組みをつくること

✓ マーケティングの骨格
    価値の対価を得る
    4Pと4C
    だれに・なにを・どのように

✓ 差別化の視点
    ①顧客ターゲットで差別化する
    ②顧客価値（製品・サービス）で差別化する
    ③コミュニケーション（販売促進）で差別化する
    ④（顧客の）費用（価格）で差別化する
    ⑤利便性（流通）で差別化する
    ⑥競争のルールを変える

第5章 高く売るための発想

1　製品——代わりのきかない価値をつくる

価値を表す言葉で語る

　先に挙げたビジネスバッグの例では、「収納力がある」ことを顧客価値としていた。このように、価値を表す言葉は、「牛革製」「職人による手縫い」といった具体的な製品仕様を示すものではなく、「収納力がある」「ふと鏡に映ったデザインが格好いい」といった抽象的なものだ。その抽象的な価値を乗せた物理的な実体が製品（サービス）である。

　あなたのビジネスはなにを提供しているのかと問われて、「自動車」「テレビ」「旅行」といった単なる名称を答えてはいけない。製品（サービス）の名前と価値は違う。「水」「お茶」「ガム」「コップ」「カメラ」といった言葉は、価値を表す言葉ではない。これらは他のものと区別するためのカテゴリーを示した言葉である。目の前にペットボトルのミネラルウォーターがあり、「この水が欲しい」と思っても、「水」は価値を表現した言葉ではない。価値を表現するには、「喉の渇きをいやす」「口の中をさっぱりさせる」「気分転換する」「机の上にあってもおしゃれ」などの言葉を用いなければならない。

また、一言で「気分転換」や「収納性」といっても、人によって意味するところはまちまちである。それらの意味をひも解き、組織の中で共有し、製品化できるような言葉で表現する努力が必要である。顧客は、買う瞬間にいちいちそのような言葉を頭に浮かべるわけではない。しかし、心の中では必ず何らかの価値を想起しており、それにしたがって購買を判断するのだ。

顧客価値のチェック１：ただなら欲しいか？
　さて、製品（サービス）により価値を提供し、購買の天秤を左に傾ける。価値と価格とのバランスで購買が判断されるが、製品（サービス）を考える最初の問いは、いくらなら買ってもらえるかではない。最初に発すべき問いは、「ただなら欲しいか？」である。

　ただでも欲しくないというものはいくらでもある。マニアにはあこがれの高級一眼レフカメラであっても、興味のない人にとっては、重すぎて持ち運びに不便な機械にすぎない。第一どうやって操作すればよいか分からない人も多いであろう。そんな金属の塊は邪魔なだけで、ただでもいらないというだろう。

　逆に、ただなら欲しい、喜んで欲しいというものであれば、妥当な価格を設定することで売上が期待できる。顧客にとって何らかの価値があるということは、最低限「ただなら欲しい」という評価を得られるということである（図5.1）。その製品に価値があるかどうかは、その問いかけによって分かる。

顧客価値のチェック２：顧客に代替案があるかどうか
　価値と価格のバランスで買うか買わないかを決めるという行為

〈図5.1　価格がゼロの天秤図〉

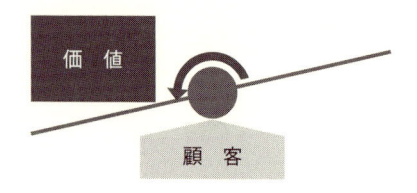

は、顧客が「選べる」ことが前提になる。

　たとえば、筆者がコンビニでペットボトルのお茶を買いに行くとする。緑茶系ならどれでもよいと思って店に入ったとすれば、筆者の視点は値札に行く。コンビニのPB（プライベートブランド）で安いのがあればそれでよいからである。ある特定のナショナルブランドの立場に立てば、顧客の「代替案」が「価値」を減らし、価格を下げなければ購買されないということである（図5.2）。

　もしダイエットをしていて、ダイエット効果のある飲料を飲むことに決めているなら、価格を下げなくても購買される。この場合、その飲料の価値は独特であり、その顧客にとって代替案は存在しない。価値を減らす要素がないので、他の飲料よりも価格は高くしてよいであろう。実際、ダイエット効果が認められたトクホ（特定保健用食品）は他の飲料よりも高価格で販売されている。このように、ある製品に価値を感じたときに、同様の価値をもたらす他の代替案があるかどうかで、価値の大きさが変わる。

　売り手はどうにかして他社と差別化した価値をつくり出し、価格が下がらないように努力する。逆に、もし顧客ができるだけ安く買おうとするなら、代替案を持つことである。車を買うときの値引き交渉は、他メーカーの競合品を引き合いに出すのが常套手

〈図5.2 代替案（競合品）により価値が減った天秤図〉

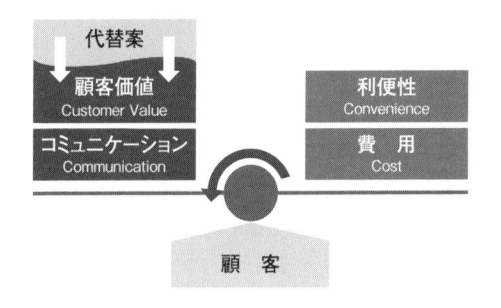

段である。価格に関する限り、顧客は代替案を望み、売り手は顧客の代替案を消すように独占を目指す。

価値で差別化するという倫理

ところで、買い手の自由意志による購買決定こそが、市場という社会制度の美徳の源泉だった。しかし、ここで論じていることはその美徳に反する。買い手の代替案を消すことを狙いとしているからだ。独占を目指すビジネスは、「強欲資本主義」などと批判の対象になる。

しかし、これは悪いことばかりではない。その独占を目指す売り手の努力が「価値」や「利便性」の差別化に向かう限り、市場は買い手にとって望ましい方向に動く。新たな価値や便利さが提案され、それに同意して高い価格を払うことは、社会の豊かさを向上させることになるからである。

問題は、そのような差別化とは違った理由で代替案が減る事態である。たとえば、売り手の合併によって競合製品が少なくなり、売り手の言い値で買わざるをえなくなるような場合である。買い

1 製品——代わりのきかない価値をつくる　107

〈図5.3　ビジネスバッグのポジショニングの例〉

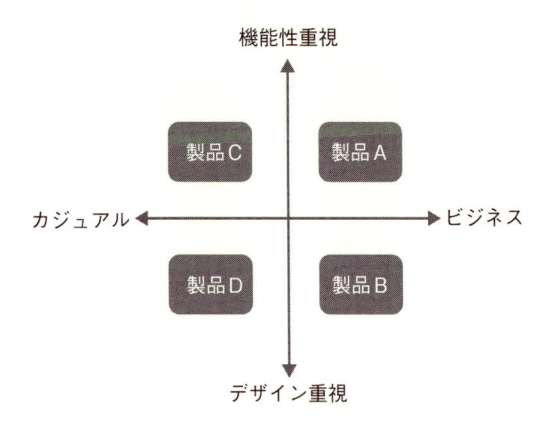

```
              機能性重視
                 ↑
       製品C  |  製品A
              |
カジュアル ←――――+――――→ ビジネス
              |
       製品D  |  製品B
                 ↓
              デザイン重視
```

手に著しく不利益になる場合、このような企業合併は独占禁止法の規制対象となる。私たちビジネスに携わる者は、倫理的な面からも価値の差別化を目指さなくてはいけない。

ポジショニング

　顧客から見た製品の価値を、競合製品との相対的な位置づけで表現することをポジショニングという。

　図5.3では、ビジネスバッグのポジショニング例を挙げている。縦軸を「機能性重視」と「デザイン重視」とし、横軸を利用シーンの「カジュアル」・「ビジネス」としている。これらの軸が、購買を決めるときの決定的な価値を区分したものという前提である。このマトリクスの中で、競合他社と比較して自社製品（サービス）のポジションを検討する。

　ポジショニングは、座標軸の設定が決定的に重要である。ポイントは、顧客の購買決定要因の軸で座標を設けることである。タ

ーゲットとする顧客が最終的に判断する要素を想定し、その判断軸において代替案がなくなるように製品を設計することが望ましい。

また、この軸は柔軟に考える必要がある。この軸を長らく固定しているということは、顧客が求める価値が変わらないという認識に立っていることを意味する。本当にそれでよいのか、他にも考えられる軸があるのではないか。常にそれまでの仮説を疑い、新たな軸を検討する必要がある。

2　販売促進——顧客の世界に登場する

顧客の状況に応じたコミュニケーション

　買うという意思決定は、実際の製品やサービスを使用する前に判断される。だから、経験する前に「価値がある」と認めてもらうことが販売促進施策のテーマである。どれだけよい製品をつくっても、販売促進施策がなければ世に知られることはなく、購買されることもない。製品（サービス）と販売促進が結びついて初めて、顧客に価値が認められるのである。

　当たり前のように使っている製品（サービス）でも、世に現れたときは普及に苦労したものがたくさんある。洗濯機のように今はどこの家にでもある製品であっても、戦後に販売されたときには販促活動の苦労があった。当時、家庭の主婦が衣服を手洗いするのは「常識」であり、洗濯機はまぎれもないぜいたく品であった。洗濯機メーカーは、財布を握っていた男性を説得するために、家事労働がどの程度の費用になっているかを算出し、洗濯を機械にまかせることの合理性を説いて回った。

同様に、コンピュータが一般家庭で使われることなど想像もできない時代があり、電子メールは単なる娯楽だと思われていた時代があった。このような例は大げさだとしても、私たちが世に送る新製品（サービス）は、程度の差こそあれ、「顧客がまだ知らないもの」である。

顧客がまったく知らないものに対して、「こういうものがあるんです」と提示するだけで、「ああ、それ欲しかったのでください」とはならない。お客さんの中に購買のストーリーがないものは買われることはない。そのような状況に対して、製品（サービス）の物理的な仕様（スペック）を解説してもナンセンスであることはすぐ分かる。しかし、そのような表現はいくらでも目に飛び込んでくる。

> リッター32kmの低燃費
> カテキン増量
> 1年間無料保証

売り手はスペックを喜んで語る。それこそが、製品を構成する要素であり、苦労してつくり上げた機能の実体だからだ。このようなスペックに反応する買い手は、購買の検討ステップが相当進んでいる人である。たいていは自分に関係のないこととして右から左に抜けていく。

買い手の心の準備が整っていないときに、一方的に自社製品をアピールすることが、典型的な「セールストーク」である。多くの人が聞き飽きている言葉である。買い手は、自分のニーズの解決を誰にも押しつけられることなく主体的に解決することを望む。買い手からすると、自らの情報探索行動の中に、適切な情報が現

〈図5.4 AIDMAの図〉

注意(Attention) → 興味(Interest) → 欲求(Desire) → 記憶(Memory) → 行動(Action)

れてほしいのだ。

消費者の購買モデル

　私たちは、顧客の状況に応じたコミュニケーションを行わなくてはならない。その手がかりとして、顧客（ここでは消費者）の購買プロセスを一般化した有名なモデルに AIDMA（アイドマ）というものがある。

　ある製品の存在に気づいて「認知」し、"ほう、なになに？"と「興味」を持ち、"欲しいな、これ"と「欲求」を持ち、しばし「記憶」して検討し、"これください！"と「行動（購買）」するさまを示している。

　このモデルにより、売り手は、自社製品が購買されるにはどの段階が特に重要なのかを見極めて対策をすることを示唆される。そもそも認知度が低いのか、認知は高く、買い手の評価も高いのだが記憶に残らずに他社製品が買われてしまうのか、といったことである。

　「興味」の段階では、製品の評判を書き込むサイトをチェックするのが昨今当たり前になっているから、このモデルはもう少し複雑になっている。もしある買い手が製品に満足し、ネットにポジティブな感想を書き込み、次の製品の購買も検討しているなら、それこそがマーケティングの目的である顧客の創造を成し遂げた

〈図 5.5　AISAS の図〉

注意(Attention) ▶ 興味(Interest) ▶ 検索(Search) ▶ 購買(Action) ▶ 共有(Share)

ことになる。

　このようなプロセスをモデルに織り込んだ AISAS（アイサス）というバージョンもある。ちなみに、大手広告代理店の電通の登録商標である。

新たな判断軸を顧客に提供する

　顧客の代替案をなくすことが重要であることを先の「製品」の項で述べた。漠然とした価値認識（ニーズ）から、ある特定の価値認識にシフトさせることで代替案をなくし、比較的高価格でも購買されるようなストーリーをつくることが販売促進でも重要な課題である。

　たとえば、使い込んだビジネスバッグがこわれ、すぐに新しいバッグを買う必要ができたとする。小遣いが乏しい時期で、持ち歩いている PC と少量のノートが入れば取りあえず OK である。このように、要求する価値が大ざっぱなときは、買い手の関心は価格に行く。

　お店へ行き、適当なサイズのバッグを物色する。ほどなく店員が寄ってきて、どのようなものをお探しですか？　と尋ねる。持ち歩いている PC など、必ず収納しなければならないアイテムを

112　第5章　高く売るための発想

〈表5.1　プロモーション・ミックス〉

広告活動	・テレビ・ラジオ広告 ・折り込み広告 ・ノベルティ ・インターネット広告	・新聞・雑誌広告 ・ポスター・看板 ・ダイレクト・メール
PR活動	・プレス発表 ・学会発表 ・スポーツなどの協賛	・年次報告書 ・社外広報誌 ・財界活動
人的販売	・販売員による商品説明	・カウンセリング販売
セールス・プロモーション	・クーポン ・懸賞 ・低金利ローン ・リーフレット ・見本市	・プレミアム 　（おまけ、景品など） ・増量パック ・サンプル配付 ・商品展示

（出所）石井淳蔵他『ゼミナール　マーケティング入門』日本経済新聞社、2004年、106ページを修正。

告げ、予算があまりないことも伝える。ついでに、以前のバッグがどのようにダメになったかも話す。

　店員は、毎日PCを持ち歩くなら、縫製がある特殊なタイプのものがよいことを伝える。一つのバッグを手に取り、縫製のこだわりを伝え、長期間使っても型崩れせず、修理も可能であること。それは手縫いの職人技でしか実現できないこと。それは予算を超えた高価格な製品だが、長く使うならイチオシだという。少々悩んだ結果、買い手は「高価格」なイチオシ製品をレジに持って行く。

　このように、事前には意識していなかった「縫製方法」という価値を提供したことで、買い手の代替案が消え、高価格な特定の製品の購買に結びつけることができる。「一定量の収納量があるだけでよい」というところから、一歩踏み込んだ新たな判断軸を与えることが功を奏したのである。目指すべきはこのようなコミ

ュニケーションである。

メディアを組み合わせて販促施策を講じる

具体的な販売促進施策の主な手段は**表5.1**のようなものだ。しかし、タブレットPC、スマートフォン、フェイスブックなどのSNS（Social Network Service）と、次々と新たな情報ツールやメディアが現れてくる。カメラで瞬時に性別・年齢を判断し、大型ディスプレイに掲示する広告を換えることも可能になり、テレビドラマの中でもさりげなく商品がアピールされる世の中だ。常日頃から世の中にアンテナを張り、新たなメディアを探索する意識が必要だ。

3 価格——ちょうどよい価格を追求する

価値と価格のバランス

テレビショッピングでは、まず商品のすばらしさを司会者の話術をもってこんこんと紹介する。ときには視聴者の生の質問に答え、実物を見なくても商品の機能や雰囲気を感じさせる工夫をしている。十分に商品紹介があった頃、おもむろに「それではお値段です」と価格を開示する。だいたいは、相方が「え〜っ、そんなにお安いんですか！？」と驚いてみせる。価値と価格の天秤がアンバランス（もちろん左に傾いている）であることを強調し、購買決定を促す。

このように、私たちは製品（サービス）に何らかの価値を認めて初めて価格に目が行く。その逆はない。その価値と価格のバランスで購買を決定する。買い手としては、価値と価格の差が大き

〈図5.6　ちょうどよい価格の追求〉

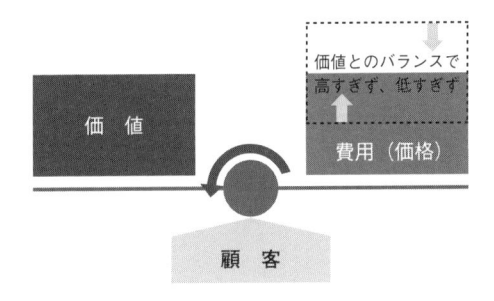

く開き、「お得感」があった方がよい。しかし、売り手にとっては逆である。価値に比べて不当に価格を下げる必要はない。価値と価格の差をできるだけ小さくする「ちょうどよい」価格で買ってもらうことが上手な商売である。

価格検討の3つの視点

売り手にとって、価格の検討には次のような3つの視点がある。これらのバランスを考えて価格を決定する。

①原価の視点

製品の原価に応じて価格を設定する方法である。たとえば、売価は原価の何倍と明確に決める方法である。高価な材料を使うとその分売価を上げる。この視点の意義は、なりゆきの原価に上乗せすることではなく、許容される原価に収めるためのコストダウン努力を促すことにある。製品企画に伴い、原価も企画するという発想である。

②需要の視点

顧客の支出能力に応じた価格を設定する方法である。たとえば、子供を対象としたゲーム機やゲームソフトであれば、お小遣いで買うことができ、親がプレゼントとして拠出できる範囲の価格帯に収めることが必要だろう。

③競合の視点

市場競争により、相場による価格が決まっている場合である。たとえば、500mlのペットボトル飲料の相場が150円程度だとしよう。その相場から逸脱するには、相当の理由が必要である。高くする場合に理由が必要なのはもちろんだが、安くする場合にも、品質の不安をなくすような理由が必要となる。

需要の反応の仕方で価格の設定方法が変わる

新製品の価格設定においては、需要の反応の仕方により、一般的に次の2通りの方法がある。

①高価格で投入し、徐々に価格を下げていく

製品に明らかな差別性があり、価格が高くても欲しいコアな層が確実にいて、かつ安くしてもあまり需要が伸びないような製品（サービス）がある。たとえば初期のブルーレイディスクレコーダーは、発売当初は高価格でも相当程度の需要があった。したがって、販売の初期段階では高価格とし、普及するにしたがって製造原価が下がり、より広い需要を取り込むために価格を下げるという経過をたどる。

〈図5.7　需要の反応の仕方による新製品の価格設定方法〉

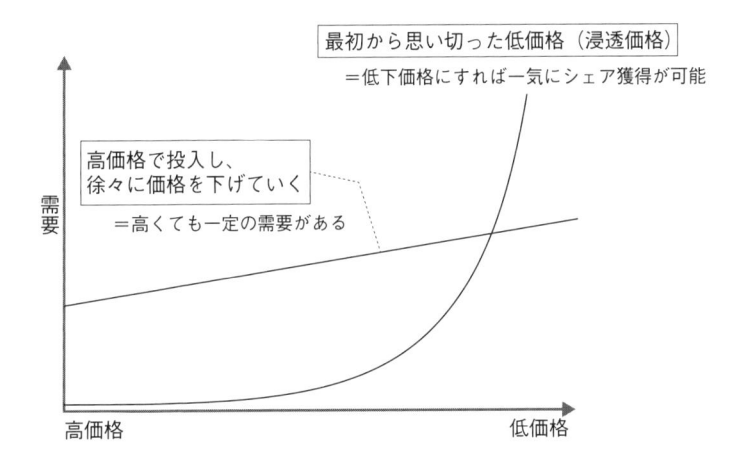

最初から思い切った低価格（浸透価格）
＝低下価格にすれば一気にシェア獲得が可能

高価格で投入し、徐々に価格を下げていく
＝高くても一定の需要がある

需要

高価格　　　　　　　　　　　　　低価格

②最初から思い切った低価格にする

　逆に、顧客が価格に敏感で、一気にシェアを取ると有利な製品（サービス）がある。若年層を対象としたゲーム機などが典型的である。これは「浸透価格」と呼ばれている。この方法には高度なオペレーション能力が要る。一気に販売を立ち上げるマネジメント能力と、大規模なオペレーションの失敗リスクを引き受ける資金的な体力が必要である。

価格施策はなんの努力も必要としない

　90年代以降の長い間、日本はデフレ傾向だった。価格が上がらないので企業の利益も上がらず、その結果賃金が上がらないので需要が伸びないという悪循環に陥っていた。

　たゆまぬコストダウンの努力など、価格が下がった理由はいくつもあるだろうが、安易な価格競争も大きな原因である。価格競

争が安易なのは、マーケティング施策の中で唯一、価格だけがなんの努力も要らず、瞬時に変えることができるからである。値下げは売上を上げるカンフル剤であるが、短期的成果を求める会計思考の欠点をあらわにする。

顧客はより安いものを好むのは事実だが、それは天秤の右側だけを見ているにすぎない。真の問題は価値とのバランスである。比較的高価なスマートフォンやハイブリッド車が売れている現実を見ると、私たちは価値の高いもの、価格と比較して相対的に価値のあるものを求めていることが分かる。

言い古された価値を低価格で提供するのではなく、新たな価値を提供し、その努力にふさわしい対価を得る活動こそが、社会に豊かさと活気をもたらすことをビジネスパーソンとして肝に銘じたい。

4 流通──買いやすさを提供する

購買の障害を除去する

天秤の右に乗る価格(費用)は、購買を妨げる要素である。価格以外にも、購買を妨げるさまざまな障害が存在する。よい商品がとても安く売られていることが分かっているが、その店がはるか遠くにあるとする。その店に行くには随分と手間や時間がかかる。そのような店には、価値に比べて価格が相当安くないと行かないであろう。マーケティング施策としての「流通」のテーマは、顧客への利便性の提供である。

売り手は購買の障害を減らすことで、天秤を左側に傾けることができる。また、障害を減らすことで価格を上げることができる。

〈図5.8　購買の天秤図での「利便性」の位置〉

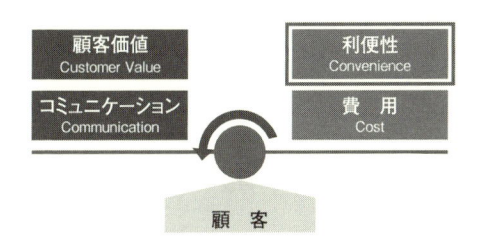

逆に、買い手は不便を受け入れれば、価格を安く購入することができる。スウェーデンが本社で、カジュアルな家具を販売するイケアでは、ベッドなどの大型商品でも自分で台車をころがしてレジに持って行かなくてはいけない。物流作業を買い手に強いている点で決して買いやすい店ではないが、オペレーション費用を抑えているために価格を安くすることができる。そのような手間を許容すれば、安く買うことができるのである。

マーケティング施策における流通の課題は、利便性を高めて高価格での購買を促すか、あるいは利便性を犠牲にして低価格で勝負するかといった判断である。

購買におけるさまざまな障害

購買の障害と感じられる主なものは次のとおりである。これらを克服することで、顧客の利便性を高くすることができる。

①買い物が面倒

買うという作業自体が面倒くさいということは多々ある。どこにでも売っているようなものなら、近くにある店の方が有利である。レジにずらっと行列ができていれば、買い物を躊躇する。急

4　流通——買いやすさを提供する　　119

ぎのものでなければ後回しにするであろう。大きな売り場から目的の商品を探すのが面倒ということもあるだろう。また、なにかを買うときに無料の会員加入を勧められることがある。これもせっかちな人間には購買の障害といえるであろう。

　利便性を高める原始的な例は「ご用聞き」である。わざわざ買いに出かける手間を省くことで、需要を喚起する。「ご用聞き営業」は頭を使わない営業としてあまりポジティブに使われないが、顧客の手間を軽減する合理的な仕組みではある。顧客の生活に近寄っていくことは、利便性を高める王道である。

②今すぐに入手できない

　ネットでなんでも買える時代に、私が空気清浄機を店頭で買った理由はただ1つ、すぐ持って帰りたいからである。子供の咳がとまらないときに、できるだけ早く持って帰りたかったのである。せっかちな世の中、今すぐ欲しいというニーズは今後も大きくなるだろう。早く入手できるというのは大きな利便性である。

利便性の基準がどんどん高くなる

　利便性という点では、ネット通販はその最たるものであろう。家が「買い場」になったのである。携帯電話やスマートフォンの普及により、あらゆる空間が買い場になったといってもよいであろう。

　今や筆者が購入する書籍はほとんどがネット経由である。事務所の備品類もネットで買っている。情報を確認しながらすぐに注文ができ、早いものでは次の日に届くという便利さは1度味わえば後には戻れない。筆者の自宅で活用している生協では、水曜日

〈図 5.9　製造業の直接流通と間接流通〉

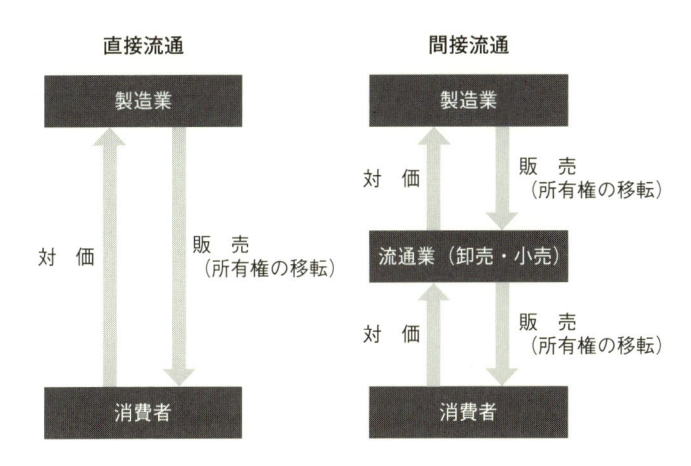

直接流通

製造業　⇅　対価／販売（所有権の移転）　⇅　消費者

間接流通

製造業　⇅　対価／販売（所有権の移転）　⇅　流通業（卸売・小売）　⇅　対価／販売（所有権の移転）　⇅　消費者

に注文したものが翌週の火曜日に届く。以前はそれで満足していたが、注文したものは翌日に届くのが普通の感覚になった今や、満足度は下がっている。

　文具通販のアスクルは、今日注文したものを明日届けることを価値として立ち上げたサービスである。「明日来る」という名称がその狙いを示している。都心部であれば、午前中に注文したものはその日の夕方に届くものさえある。利便性の基準は今後もどんどん上がっていくだろう。

流通施策とバリューチェーン

　製造業の立場で、流通業者を介して販売することを間接流通という。自社とは異なる卸売店に製品を卸す、小売店で販売するといったことである。迅速に販売量を拡大したいときは、間接流通の活用が一般的である。

4　流通──買いやすさを提供する　　121

〈図5.10　バリューチェーンの図〉

技術開発 → 製品デザイン → 製造 → 販売 → アフターサービス → 顧客

　それに対して直接利用者に販売することを直接流通という。直接流通は「ダイレクトマーケティング」とも呼ばれ、メーカーによるネット販売や通信販売が代表例である。

　直接流通・間接流通の区分は、自社で製品を流通させるか、他社を活用するかの違いである。どちらを選ぶかの判断は、販売力・営業力における自社と他社（流通業者）の比較になる。このことは、自社はどの機能の能力を磨いていくべきかという議論につながっていく。

　自社の機能および他社との関係を含めたビジネスの構造を設計するには、バリューチェーン（価値連鎖）というフレームが有効である。バリューチェーンは、ビジネス活動を各機能的な要素のつながりとして理解する。たとえば、製品の設計をすること、部品を発注すること、工場まで運ぶこと、組み立てることなどと、顧客に価値を届けるまでの一連の流れでビジネスを認識する。これらすべての活動は、顧客にとって何らかの価値があるもののはずである。これらの価値（= Value）のつながり（= Chain）で事業全体が構成される。

　このことをつき詰めると、事業システムの設計の問題になる（「第8章　『早さ』と『速さ』の競争優位」参照）。「流通」は、マーケティング施策の1つにすぎないが、ものづくりの工程を含めたビジネス全体の一連のプロセスと見ると、経営全体の課題になる。

さらに、価格施策とは正反対に、流通施策は最も変えにくいものだ。流通業者という外部者を深く巻き込み、彼らのスキル形成や動機づけにも関与し、必然的に長期的な取り組みが必要になるからだ。このような意味で、「流通」は長期的なビジネスの基盤をつくる重要な判断事項である。

5　競争のルールを変える

競争の有様をがらっと変える

　ここまで、４Ｃと４Ｐを検討する視点を個別に見てきた。差別化の方法の最後に、それらを組み合わせて競争のルールを変えてしまう方法を考える。

　競争のルールを変えるとは、たとえばある製品を無料にして広く配付し、シェアを確保した後に有料のサービスを販売するといったことである。このような方法はゲームソフトなどでよく用いられている。単機能な製品は無料、高機能版は有料といったものである。無料の製品を持っていない競合企業は、たちまち無料版にシェアが取られる。瞬く間にシェアが変わり、競争の有様ががらっと変わる。

　このようなビジネスのやり方は「インストールベース型モデル」と呼ばれている。初めに低価格で今後のサービスの土台となるようなシステムを顧客に導入（インストール）し、そのシステムに必要な付属品、消耗品、バージョンアップなどで収益を上げるモデルである。

　ひとたび、この手法で大きなシェアを取り、業界のスタンダードを確立すれば、顧客に継続的な自社製品の購買を期待すること

〈図5.11　インストールベース型モデル〉

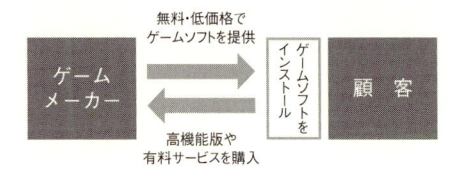

無料・低価格で
ゲームソフトを提供

ゲームメーカー　→　ゲームソフトをインストール　顧客

高機能版や
有料サービスを購入

ができる。また、付属消耗品やメンテナンスの売り手になることで、一時的な製品販売に頼るよりも安定的な収益を上げることができる。

ビジネスモデルという視点

　この方法は、先に挙げたゲームソフトだけでなく、トナーやカートリッジで収益を上げるプリンタやコピー機販売などにも共通して見られる。これらには共通のビジネスの仕組みや儲け方が見て取れる。このように、ビジネスの仕組みの共通性を抽出してモデル化したものを「ビジネスモデル」という。

　ビジネスモデルの視点で見ると、マスコミの2大勢力である新聞とテレビのビジネスモデルは異なることが分かる。新聞は読者から購読料を取るが、テレビを観るのは無料である。新聞の主たる収入源は一般読者の購読料であり、テレビの収入源はCMのスポンサーからの広告費である。情報の受け手が無料で、広告主が費用を負担するという点では、駅などで無料で配付しているフリーペーパーとテレビは同じビジネスモデルということができる。このようなビジネスモデルという考え方は、事業の仕組みを単純化し、他社の事業の仕組みを自社に応用するときに有効である。

〈図5.12　差別化の視点（再掲）〉

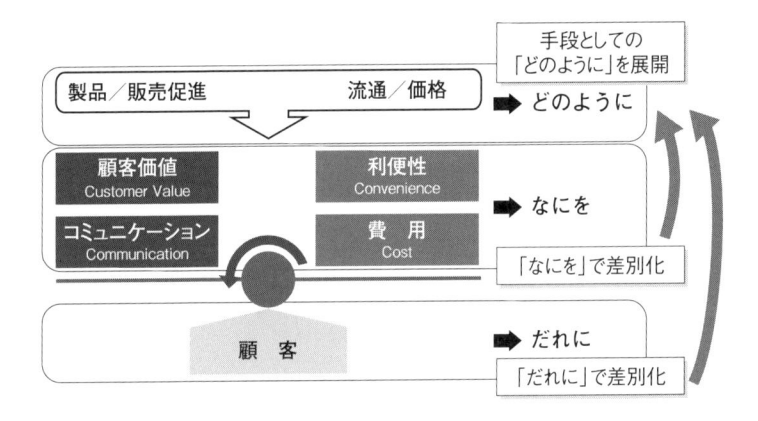

製品／販売促進　　流通／価格 → どのように　手段としての「どのように」を展開

顧客価値 Customer Value／利便性 Convenience／コミュニケーション Communication／費用 Cost → なにを　「なにを」で差別化

顧客 → だれに　「だれに」で差別化

他社が躊躇する領域で勝負する

　ここまで、競合他社と差別化するさまざまな方法を議論してきた。

　ここで、会計思考で記した「組織の外に向かっては他社が躊躇するリスクを引き受ける精神、社内のオペレーションではリスクを低減する努力、この2つが必要となる」という言葉を思い出してほしい。このことをマーケティング施策の差別化に当てはめると、「顧客が価値を認める領域で、他社は躊躇するが自社はオペレーションに自信がある領域で勝負すること」が求められているということができるだろう。

　他社が躊躇することとは、たとえば次のようなことである。
- 品質が不安
- 手間がかかる
- 技術的に難しい
- コストがかかりすぎる

5　競争のルールを変える　125

- 人材が確保できない
- 顧客や仕入れ先とのコネクションがない
- オペレーションが難しく、継続的にマネジメントできない
  etc.

　このような他社が躊躇することの多くは、実は自社でも「嫌だな」と思うことである。業界の常識に照らしたときに眉をひそめるようなことにこそ、商機があるといえるのである。
　要求の多い顧客、面倒な注文、極端に短い納期への対応をどうするか。直感的には自分も躊躇し、社内のメンバーからも反対されるようなアイデアにこそ、新たな可能性がある。そのような「鬼っ子」のようなアイデアを着想し、吟味し、実現できるような論理と行動力を持たなければいけないのだ。

第5章のまとめノート

✓ 価値の実体をつくる製品
  製品（サービス）は価値を乗せた媒体
  顧客の代替案を減らす
  顧客の購買決定要因において際立つ

✓ 顧客とのコミュニケーションを図る販売促進
  顧客の状況に合わせた情報提供
  消費者の購買モデル

✓ 価値と価格のバランスをとった価格
  ちょうどよい価格の追求

✓ 利便性を提供する流通
  購買の障害を除去する
  どんどん高くなる利便性の基準に対応する

✓ 競争のルールを変える
  ビジネスモデルを変える

✓ 利益を大きく上げるために
  顧客が価値を認める領域で、他社は躊躇するが自社はオペレーションに自信がある領域で勝負する

第6章 顧客を見つめる

1 発想を広げるためのターゲティング

だれにとっての天秤か

マーケティングの骨格は「だれに」「なにを」「どのように」であり、それは**図6.1**のような天秤モデルで記述することが可能だった。

ここまでは「なにを」と「どのように」の関係を見てきた。その視点を得たところで、「なにを」購買の要因とするかの主体者、すなわち「だれに」に目を向けよう。

たとえば、筆者が今日のランチに事務所の隣にあるイタリアンレストランに行った理由と、その隣で接待風の食事をしていたビジネスパーソンと、少し離れたテーブルで友達同士でワイワイ楽しんでいた主婦層とは、同じものを食べていたとしても感じている価値は違う。

筆者にとっての価値は健康、味、馴染み感、賑わい感、近所で時間を取らない、といったことである。価格の800円と比較しても価値は高いので、私の行きつけのお店になっている。接待使いのビジネスパーソンには、お客さんと一緒に食事するのにふさわしい雰囲気の店であり、適度なコースメニューがあること。また、

〈図6.1　マーケティングの骨格図（再掲）〉

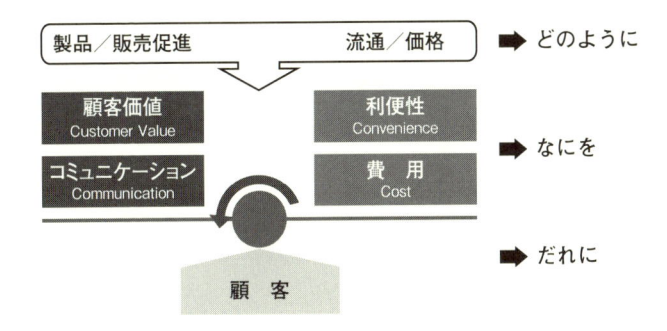

製品／販売促進	流通／価格	➡ どのように
顧客価値 Customer Value	利便性 Convenience	➡ なにを
コミュニケーション Communication	費用 Cost	
顧客		➡ だれに

主婦層には評判の店に行ってきたという話題性。このように、客層によって感じる価値はまちまちである。

万人向けでよいのか

　価値観がバラバラのお客さんを相手にするときの1つの考え方は、マーケティング施策を万人に合わせるということである。私のように1人で食べに来る男性にも、接待利用のビジネスパーソンにも、わざわざ食べに来る主婦層にも合ったお店にするということである。

　これはよさそうなアイデアだが、「万人向け」という言葉は誤りがある。筆者の事務所は大阪の都心にあり、少なくとも山あいに住むおばあちゃんはやって来ないし、安くてがっつり食べたい男子学生もやって来ない。近所に学校はないからだ。

　こう考えると、近隣のビジネスパーソンや少し遠方から来るグルメな主婦層がこの店が相手とするお客さんと見てよいだろう。少し感度のよい、いろいろな店を経験した「うるさい」客であろう。そのような客を相手にするレストランと、学生相手の店では

1　発想を広げるためのターゲティング

取るべき施策は異なるはずだ。

　したがって、このレストランは「万人」に向けてではなく、想定される顧客のタイプ「それぞれ」に対して価値を提供しなくてはならない。「近隣のビジネスパーソン層」と「遠方から来る主婦層」の2つの客層に対するマーケティング施策を考える必要があるのだ。

　私たちは、「万人」という抽象的な対象ではなく、それぞれの客層がなにに価値を求めるかを注意深く感じ取り、それを実現する施策を考えなくてはならない。どんなビジネスでも、ある価値観のまとまりを持った束として客層を想定している。言葉で定義していようと暗黙的であろうと、あらゆるビジネスは「だれに」向かって施策を打っているのかという想定がある。マーケティング施策は「人々一般」ではなく、必ず明確なだれかに向けた施策でなければならないのだ。

ターゲティング

　マーケティング施策を企画するとき、想定する顧客像を決めることをターゲティングという。マーケティングの目的は顧客の維持・拡大だから、ターゲティングとはどのような人を顧客にしたいかという意思の表明である。どのような人を継続的な企業の財産としての顧客にしたいか、どのような人なら満足させることができるか、ということの定義である。

　ターゲティングは、「した方がよい」とか「しなくてもよい」といった問題ではない。マーケティング施策を企画するときには「必ず想定している」ことであり、それが意識的に行われているか、暗黙の前提で行われているかの違いだけである。言い換えれ

ば、注意深くターゲティングが行われているか、漠然と行われているかの違いである。ターゲティングが漠然としていると、マーケティング施策もぼんやりしたものになる。だれに喜んでほしいか分からない、だれにとっても楽しくない中途半端な施策になる。

求める価値観の違いで顧客を分ける

顧客ターゲットを決めるということは、社会全体からある人々の集合を抽出するということである。抽出する前提として、社会全体の人々を何らかの基準で分けることをセグメンテーションと呼ぶ。「セグメント」とは、破片、かけらという意味である。

たとえば百貨店の婦人服売り場は、「ヤング」「アダルト」「キャリア」「ミセス」のように分けられていることが多い。この場合の切り口は年齢である。このように、何らかの切り口でセグメンテーションを行い、その中からターゲットを定めて施策を検討するというのが、ターゲティングの基本的なステップとされている。

一般的によく用いられるセグメンテーションの切り口は**表6.1**のようなものだ。地理的な区分、人口動態的区分、心理的区分、行動による区分などがある。

なにかの切り口を採用するということは、その切り口で求める価値観が異なること、すなわち投入すべきマーケティング施策が異なるという認識の表明でもある。

たとえば「20代の女性」というターゲティングはありうるが、「鈴木姓の女性」というターゲティングはナンセンスだろう。「鈴木姓」には共通の価値観は見いだせないと考えられるからである。百貨店の婦人服売り場のように、年齢層でフロアを分けるのであ

1 発想を広げるためのターゲティング

〈表6.1　一般的なセグメント例〉

切り口	セグメント例
1. 地理的区分	
地方	・関東、関西など
気候	・寒暖、季節など
人口密度	・都市部、郊外、地方など
2. 人口動態的区分	
年齢	・少年、若者、中年、高齢者など
性別	・男、女
所得	・年収1,000万円以上など
職業	・ブルーカラー、ホワイトカラーなど
3. 心理的区分	
ライフスタイル	・スポーツ好き、アウトドア志向など
パーソナリティ	・新しいもの好き、保守的など
4. 行動区分	
求めるベネフィット	・経済性、機能性、プレステージなど
使用率	・ノンユーザー、ライトユーザー、ヘビーユーザーなど

れば、年齢が商品選択のパターンを決める重要な要素とみなしていることを意味する。

なぜセグメンテーションが思考停止をもたらすのか

　セグメンテーションの陥りやすい問題は、よく考えずに分けてしまうことである。リアルな人間像の裏づけがなく、ヤング層とはこういう人だ、とのイメージを売り手が勝手につくり上げてしまうことである。

　若い人は奇抜なデザインを好み、シニアは落ち着いたデザインを好むといった「常識」を私たちは持っている。しかし、現実はそれほど単純なものではない。ステレオタイプの観念でセグメンテーションをすることが、マーケティング思考の陥りやすい失策

である。現実を見ずに、染みついた観念だけで４Ｐを企画してしまうと、顧客の支持を得ることはできない。

したがって、表6.1の切り口をそのまま活用してセグメンテーションすることは、思考停止にほかならない。深く考えずにセグメンテーションすることは、常識を追認することに等しいからである。私たちは、リアルでオリジナルなセグメンテーションの切り口を見つけなければならない。そのためには、顧客を細部まで注視して、リアルなターゲット像を想定することが必要である。ターゲット像のイメージをどんどんリアルにしていくと、特定の個人に向かっていく。個人１人ひとりを注意深く見ることが、ターゲティングの第一歩である。

トートロジーの恐れ

たとえば、ビジネスパーソンの中で、夕刻に健康によいお菓子を好んで食べる層があることを発見したとする。その層に向けて、健康に対する効果を前面に出した、オフィスで食べやすいお菓子を売ることを企画しようとする。その場合、「健康によいお菓子を食べるビジネスパーソン」というターゲティングの定義でよいだろうか。

これは「健康を増進する」という機能的価値（＝なにを）と、「お菓子」という製品カテゴリー（＝どのように）を組み合わせた言葉であり、「だれに」と「なにを」「どのように」を繰り返し表現していることにすぎない。これでは、ターゲティングという作業をする意味がない。

私たちが考えたいのは、他社よりもターゲットとする人物像をよく理解して、その人の購買プロセスに適したマーケティング施

1 発想を広げるためのターゲティング

策を実現することである。その「健康によいお菓子を食べるビジネスパーソン」とはどんな人なのかを考えるのが、ターゲティングにおける売り手の課題である。

では、その人を表現するには、どのような言葉がふさわしいだろうか。年齢はどうだろうか。性別はどうだろうか。職業はどうだろうか。住まいはどうだろうか。体型はどうだろうか。あなたのビジネスの典型的な顧客は、どのような属性で語ることができるだろうか。

ターゲティングで発想を広げる

このように、ターゲットとする人物像を言葉にするのは簡単なことではない。しかし、健康によく、オフィスで食べやすいお菓子のターゲットを「健康によいお菓子を食べるビジネスパーソン」とすることはナンセンスなのも確かである。結局、ここでいえることは、「健康によいお菓子を食べるビジネスパーソン」とは違う属性で語る必要があるということである。違う言葉でターゲット像を定義することで、発想の広がりが期待できるのだ。

その人を「子育て中の30代の働くお母さん」と表現したとすればどうであろう。小さい子どもを保育園に預けなければいけないので、慌ただしい朝食を取っていることが想定できる。晩ご飯もつくる時間がそれほど取れずに、栄養バランスが気になっていることが想像できる。

私たちの製品（サービス）は顧客の生活のほんの一部

このように、ターゲットを定義することで、企画しようとしている製品に直接関わらない生活シーンに配慮がおよぶ。そのよう

な生活の背景を前提として、その生活に入り込むようなマーケティング施策を企画することができるようになる。ちなみに、このような、あるモデルとなる個人像を詳細に定義する方法は「ペルソナマーケティング」とも呼ばれている。

　強調したいのは、売り手が差し出す製品（サービス）は、顧客の生活にとって常に「一部」だということだ。「健康によいお菓子をオフィスで食べる」ことは、「子育て中の30代の働くお母さん」の生活にとって、ほんの一部である。私たちは1つの製品（サービス）をつくるまでに多くの議論を重ね、相当の手間とコストをかける。そのために、私たちの頭の中では、それが大きな割合を占めている。しかし、顧客はそうではない。そのような売り手の苦労は知るよしもない。

　私たちは、顧客の生活の中で、提供する製品（サービス）がどのように現れるかを想像しなければならない。その現れ方を把握することで「なにを＝4C」が定義でき、「どのように＝4P」の精度を上げることができる。まさにそれがターゲティングの意義である。

2　顧客の頭の中を覗く

創造か発見か

　ターゲットを定め、そのターゲットが求めている価値がどのようなものかを探ることになる。では、その価値はどのように見いだすことができるだろうか。もちろん、それが簡単に見いだせれば苦労はしない。

　マーケティング思考は、人間を見つめることを強制する。漠然

と「20代の女性」というイメージをつくり上げるのではなく、実在する20代の女性の振舞や生活から、企画者の実感を伴った「20代の女性像」を構築する。その上で、その像が感じる価値はなにかを考え、製品やサービスを企画する。この発想にしたがえば、顧客が望む価値は、顧客に十分な注意を払うことで見出すことができることになる。本当にそうなのだろうか。

　顧客にとっての価値は、売り手が神秘的に創造するものなのか、努力により現実社会から発見できるものなのか。一般的には、新たな価値を創造するのはアーティストの仕事で、既に顕在化している価値を発見するのがマーケティングの仕事だと考えられている。もちろん、顧客を見つめることだけで新たな製品(サービス)が開発できるとはだれもが思わないであろう。しかし、常に価値は顧客において成立するのだから、顧客に関心を向けないことはありえないのも事実であろう。

マーケティングでは遅い？

　松田聖子などの数々のヒット曲を生み出した作詞家の松本隆氏は、あるテレビ番組の中で「マーケティングでは遅い」と言い切っていた。今生活者が欲しがっている作品をつくっても、発売する頃には古くなっているということである。現在の市場に迎合するのではなく、自分で磨き抜いた創造性に頼る方が「当たる」確率が高くなるということである。

　氏はなにも芸術家風を吹かせているわけではない。ポピュラー音楽は多くの人に売れてこそ意味があることを100％受け入れた上で、売れる曲をつくるために、そのときの流行を追いかけても無意味だといっているのである。流行を先回りしてとらえて曲づ

くりをしなければ、結局は時代遅れになるということである。

　AKB48をプロデュースしている秋元康氏も、「僕は、モノをつくる時にマーケティングは一切やりません。だって、今流行っているものは、もう過去のものだから。もっと自分の本当の気持ちや本当の声を聞いた方がいいと思います」（『日経ビジネス』2010.12.20-27）と語っている。

　共通するのは、マーケティングという言葉を、今現在の流行・動向に追随する活動として使っていることである。思考を市場に合わせるのではなく、自分が面白いと思ったもの、自分の感性を信じて企画した方がオリジナリティのある、新しいものが生まれるという見解である。

顧客に無関心ではいられない

　さて、みなさんは彼らの意見をどう思うであろうか。リアルな顧客像にフォーカスするマーケティングは無力だと考えるだろうか。彼らのようなヒットメーカーは人々に対して無関心でいられるだろうか。

　それは違うだろう。むしろだれよりも人々の振舞や価値観の変化に敏感なはずである。社会から得られる多彩な情報を意識的に、あるいは無意識のうちに自分の中で咀嚼し、それらが彼らの独特なアイデアに結びついているはずである。いや、彼らの思考そのものが、あたかもターゲットとする人々本人が考えているような動きを示すといった方がよいかもしれない。彼らはある面で顧客その人であり、ある面で技術者としての売り手なのである。

　こう考えると、天才的なクリエーターとは、リアルな顧客像を思考の中心に据えるというマーケティング思考の究極の姿という

〈図6.2　天動説と地動説〉

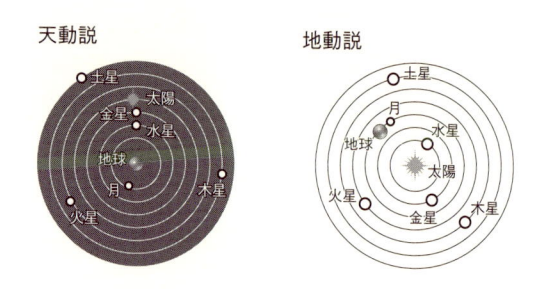

ことができる。マーケティングという言葉を使うまでもなく、彼らはマーケティング思考そのものを実行しているのである。

本当の顧客志向

　私たちは、彼ら達人の域に少しでも近づくための訓練として、顧客を見る懸命な努力をしなければならない。なぜなら、私たちはビジネスを考えるとき、知らず知らずのうちに売り手の発想で考えてしまうからだ。

　技術の制約、納期の制約、労働時間の制約など、それらはビジネスの担い手として当然考慮すべきものである。しかし、マーケティング思考は、それらよりも顧客が望むものを優先することを要求する。売り手発想とは、自分たちの都合を優先し、その立場から世の中を解釈することである。それは、あたかも古代の人々が天動説を信じていたのと同じである。

　私たちは「本当は」地球が太陽の周りを回っていることを知っているが、それを見たり体験したりすることはできない。私たちが経験しているのは、どっしりとした大地があり、太陽が東から昇り、西に沈む光景である。地動説は知識として知っているが、

想像上でしか描くことができない。同様に、ビジネスの像も顧客から見てどう見えるのか、ということを想像で描くしかない。

　いかに想像力をたくましくして、顧客側の世界に住むことかできるか。これがマーケティング思考が求める思考方法である。

自分のフォーマットを疑う
　マーケティング思考のためには、いわば、顧客のモデルが自分の中に棲み込むような感覚が必要である。ターゲットとした人物がどのように感じ、考え、判断するかに共感しなければならない。顧客を観察したり、尋ねたりすることで、斬新なアイデアが生まれるかどうかは分からない。しかし、頭の中で育てた顧客像に、想起したさまざまなアイデアを問いかけ、受け入れられるかどうかのテストをすることはできる。

　もしまったくの異星人を顧客にするのであれば、彼らの価値の体系を一から知る必要があるであろう。自分の経験を参考にできないとすれば、彼らが望むことを知るには、考古学者が太古の人々の暮らしを想像するような苦労をしなければならないだろう。

　しかし、対象が現代の人間であれば、自分の価値観のフォーマットを援用できる。ビジネスバッグであれば「収納性」「ファッション性」という価値が重要で、それがどのような仕様・スペックを意味するかがおおよそ分かる。

　ところが、問題はここにある。私たちは、自分の経験や興味関心のフィルターを通してしか世の中を見ることができない。問題は自分が持っているフォーマットと、顧客のそれとのずれである。ずれがあると、顧客について理解したつもりでも、単なる思い込みになってしまう。思い込みの悪さは、本人がそうとは気づかな

いことだから、マーケティングの企画をミスリードする結果になる。このようなことを避けるために、私たちは自分のフォーマットを疑い、柔軟にする必要がある。

そのためには想像力を磨く必要がある。男性が女性が化粧するときの気持ちに共感する、若年者がシニア層の関心事に共感する、60代が10代のゲームの楽しさに共感する。このように、自分が体験しうる以外のことを想像する習慣をつける必要がある。

3 リサーチは創造である

どこまでの曖昧さが許容できるか

顧客の行動や考え方などを調べ、分析し、提供すべき価値を見出し、製品やサービスの設計などに活かす活動はマーケティングリサーチと呼ばれている。前節で議論した、顧客の価値を発見するための作業である。

いくつかの欧米の有名なファッションブランドは、日本で大がかりなリサーチを行っている。欧米人から見て、日本人の購買行動は一種の謎であり、それを明らかにするということである。

しかし、リサーチですべてを明らかにしてから判断をすることはありえない。リサーチには時間もコストもかかり、無制限に行うことはできないからである。どれだけ調べたところで、常に何らかの曖昧さが残る。結局、どこまでの曖昧さが許容できるかということになる。

改まってリサーチを行わなくても、日々の仕事の中で情報を収集することができる。日々のオペレーションを目先の利益だけに向けるのではなく、「次の」企画、すなわちマーケティング企画

のための情報収集にも当てる習慣をつくることが望ましい。たとえば、定期的に顧客の関心事やマーケティング施策のアイデアのレポートを作成することなどである。

リサーチには仮説が必要

あらゆるリサーチには、そのもととなる仮説が必要である。仮説が分からないから調査をするのだから、矛盾していると思う人もいるであろう。しかし、調査設計をするということは、何らかの仮説を持っているということなのである。

たとえば、「清涼飲料水の新しい販促策」の仮説を探索するとする。そのために主婦を集め、スーパーでどのような情報に反応するかを確認する。このとき既に、購買者は主婦であること、スーパーが主たる購買先であること、購買行動には陳列や説明書きなどの情報が影響を与えることを前提としている。それらの前提がなければ、リサーチすることすらできないはずだ。

リサーチには、状況がよく分からない状態から仮説をつくり出すための「仮説探索型」と、仮説が正しいかどうかを検証する「仮説検証型」があるといわれているが、これらの差は仮説の精度の問題だけである。リサーチする前の仮説の精度が低ければ仮説探索型、仮説精度がある程度高く、マーケティング施策の具体案まであれば仮説検証型と呼ばれる。

このように、限りのない可能性の中から、経験的に妥当と思われる範囲まで仮説を絞り込まないとリサーチはできない。逆にいえば、リサーチを設計することは、自分の仮説、思い込み、世界観を明らかにすることでもある。それにより思考を柔軟にし、アイデアを広げることができる。たとえ顧客が求める価値が十分に

見つからなかったとしても、そのような思考の柔軟体操、ストレッチングがリサーチの大きな効果である。

発見とは創造である

前節で議論したように、私たちは自分のものの見方のフォーマットを疑う必要がある。しかし一方で、あらかじめなにかの仮説がないと、価値は発見できない。したがって、もともとの知識による「既に知っている」ことと「まったく知らない」の間に発見があり、驚きがあるということができるだろう。それは、「知りつつある」という中途半端な心理の動きに注意を向けることでもある。社会をよく知ることと、社会との馴れ馴れしさを取り払うことの両者が求められるのである。

マーケティングという言葉、あるいはマーケティングリサーチという言葉が持つネガティブなイメージは、それが「客の言いなり」「他社のものまね」といった、創造性の欠如を連想させるからである。先のヒットメーカー達の見解もそのようなことへの否定・嫌悪が含まれている。しかし、このように考えていくと、ただぼんやりと顧客を眺めていても新たなアイデアは湧いてこないことが分かる。価値を発見するのは創造的な作業といってもよいであろう。

知りたいのは顧客の購買経験

ビジネスにとって、顧客のどの場面、どの時点が最も重要であろうか。1つ選ぶなら、顧客が買うことを意思決定する瞬間である。111ページで記した「AIDMA」の最後のA、すなわち「行動（Action）」である。スーパーで買い物カゴに野菜を入れる瞬間、

〈図6.3　購買経験フローの図〉

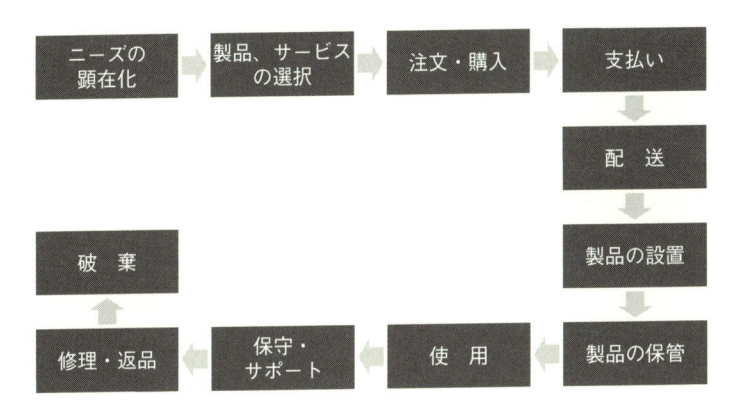

```
ニーズの      製品、サービス    注文・購入    支払い
顕在化   →   の選択       →          →
                                        ↓
                                       配送
                                        ↓
                                    製品の設置
                                        ↓
破棄 ← 修理・返品 ← 保守・サポート ← 使用 ← 製品の保管
```

　家電店で店員を探し出して「このテレビください」という瞬間、企業との取引で「分かりました、契約しましょう」と語る瞬間。私たちの視線は、顧客がものを買う意思決定をする瞬間を見つめ、そこからその周辺に視野を広げていかなければならない。

　意思決定をするその場面に着目すると、今度はどのようにしてそのような意思決定に至ったのか、ということに関心が向かう。どうやってその商品を知ったのか、もともと欲しいと思っていたのか、店頭に来てからそう思ったのであろうか。その商品と多くの類似商品とをどうやって比較したのか、などである。さらに買った後、どのようにしてその商品を使っているか、そこで満足しているかどうかを知るべきである。その満足感が次の購買につながるのだから。

　このように、顧客の購買経験の一連のフローを私たちは知りたいのだ。このフローは、販売促進の項で見た「AIDMA」や「AISAS」よりも広い範囲に関わる。それは分断されたものではなく、

リアルな個人が時間的流れに沿って意識的・無意識的に選択をし、満足・不満足の経験を重ねたものだ。その私たちの製品（サービス）は主役ではない。顧客の生活の一部として、どの場面で現れ、どう扱われているかを知りたいのだ。

模倣するビジネス

　アパレル業界には「ファストファッション」という言葉がある。ファストフードのように早くできる服、という意味である。なにが早いかというと、流行っている服を模倣した企画を立て、製造して販売するまでが短時間なのである。先に紹介したように、作詞家の松本隆氏は「マーケティングでは遅い」と語った。しかし、このようにリサーチから製造までの時間が短くなると、「マーケティングでも間に合う」ということも出てくるのである。

　このことは、顧客が求める価値がなにかを探索することの前提として、素早くマーケティング施策に展開する組織の能力が必要であることを示している。規模の大きい企業で１つの製品を大量に製造するには、原材料を大量に仕入れる必要があり、物流や販売の規模も大きくなる。オペレーションの規模が大きくなると、リサーチ結果を迅速に反映するのは難しくなり、前もって十分な時間を取って製造・販売の計画を立てる必要が出てくる。そのような企業では、リサーチによる顧客価値の発見を素早く役立てることは難しいであろう。マーケティング思考は、必然的に小回りのきいた機敏な活動を志向することになる。

　会計思考では、できるだけ早く成果を上げることが望ましいことを解説した。現在価値という考え方が、時間的に早い成果を求めるのである。マーケティング思考でも同様に、判断と行動の速

さは決定的である。ビジネスにおいて、スピードはきわめて重要な武器であることが分かるであろう。

　一方で、会計思考とマーケティング思考の違いもある。安定した粛々としたオペレーションが収益性の向上には貢献するが、顧客から支持を得ようとすると、機敏に顧客のニーズに対応しなければいけない。会計思考が求めるものが標準化なら、マーケティング思考は顧客適応である。このように、会計思考とマーケティング思考は共通するところと、相反するところがある。そのバランスを見極めることが勝負になる。

消費者参加型の製品開発が可能になった
　ファストファッションのような考え方をさらに進め、顧客を製品開発自体に巻き込んでしまうことも試みられている。あるコンビニエンスストアでは、テレビのクイズ番組で優勝した「スイーツの女王」を企画者に迎え、さらに大勢の消費者の意見を取り込んだ製品開発が試みられている。

　このような手法が可能になった理由はなんだろうか。それは、低コストで素早く意見を募る情報通信技術が発達したことである。インターネットが普及し、情報入手が革命的に容易になったことで、プロと生活者の情報の非対称性が小さくなったこともある。YouTube のように、作品のつくり手と視聴者がはっきりと分かれずに、一体となった場ができてきたことも背景にあるであろう。「売り手」と「買い手」の境界が曖昧になっているのである。

　では、このような製品開発における、売り手の付加価値はなんだろうか。顧客と一緒に製品開発を行い、顧客との違いをつくれなければ、売り手の付加価値はない。スイーツの女王にはない、

コンビニの付加価値はなんだろうか。

　それは、着想したアイデアを物理的な製品に成就させる力にほかならない。原材料に関する知識、加工の技術、パッケージのノウハウ、売り切るための販路などなど。これらのオペレーションの能力が「違い」であり、成果をもたらす基盤である。これらのビジネスを実行する社内外のプロセスがバリューチェーン（122ページ参照）であり、それを実現する仕組みが事業システムと呼ばれるものだ。これらについては、「第Ⅲ部　戦略思考」でじっくり考えていく。

第6章のまとめノート

✓ 顧客ターゲットの選定
　　ターゲティングははっきりしているかぼんやりしているかの違い
　　セグメンテーションの切り口を工夫する
　　リアルな人間を想定して発想を広げる

✓ 顧客の頭の中を覗く
　　顧客を想像で描く
　　自分のフォーマットを疑う

✓ マーケティングリサーチ
　　自分の仮説を確認する
　　顧客の購買経験を知る

第Ⅲ部 Strategy

戦略思考 — 組織の希望を描く

第7章 希望はどのように語りうるか

1 戦略を構成する要素

希望としての戦略

　ビジネスの方向を決める舵の役割が戦略である。企業価値、すなわちビジネスの将来の期待値を高めるような、展望や希望である。

　その希望は、ビジネスの担い手である役員、従業員といった組織のメンバーにとっての希望である。さらに、お金の出し手（投資家や金融機関）、原材料の供給業者など、ビジネスに関係するパートナーにとっての希望である。戦略は、組織の内部や関係者に向かって発信される、内向きのベクトルを持ったメッセージである。

　その希望の形はさまざまである。収益の変動を小さくして安定性を高めること、より収益を拡大することなど、企業によって違いがある。ただし、どんな戦略であっても、元来不確実である将来を、自分たちでできるだけコントロールしたいという願望がそこにはある。

　しかし、市場環境はどこまでも不確実である。したがって、将来の市場環境を分析して予測し、それと整合的な将来像を描く必

要がある。市場を無視した戦略、市場を都合のよいように解釈した戦略は独りよがりであり、失敗につながる。ともすれば、戦略は組織の内部者にとってのみ口当たりのよい砂糖菓子になる。そうならないために、氷の冷たさをもって思考しなければならない。

　また、将来の姿を口で唱えているだけでは単なる願望であり、ビジネスとしては無意味である。将来に向けた、現時点での実行が伴わないといけない。これについて、ドラッカー氏は次のように述べている。

「最大の問題は明日何をすべきではない。『不確実な明日のために今日何をすべきか』である」。(『〔エッセンシャル版〕マネジメント』)

　私たちは、自分自身や組織に備わっている技術、技能、組織風土などをもとにしてビジネス活動を行う。これらの現在のビジネスを可能としている基盤であり、将来の希望の前提でもある基盤を「リソース（経営資源）」と呼ぶ。リソースの中で競合他社との差別性をもたらし、利益に特に貢献するものが「競争力」あるいは「強み」と呼ばれる。ドラッカー氏の「今日何をすべきか」に対する端的な答えは、競争力（強み）を確立するためのリソースを形成することである。

　独りよがりでない戦略、将来を見すえた上で現在のアクションに結びつけた戦略。このような将来の希望をどのように描きうるのかが、戦略思考のテーマである。

日産自動車の中期計画の事例

　まず、戦略としてアウトプットされるべきものはなにかを見ていこう。

　日産自動車は2011年、中期計画として「日産パワー88」を発表した。それについて、社長のカルロス・ゴーン氏は雑誌のインタビューで次のように語っている。少々長い引用だが、戦略思考の内容を見るために有用なので、お付き合いいただきたい。

（前略）

問　ゴーンさんはコミットメント（必達目標）経営で知られます。ただ、今回は「2016年までに世界シェア8％、営業利益率8％（2010年度はそれぞれ5.8％、6.1％）」という野心的目標を掲げているものの、努力目標の色合いが強くなっていますね。｝A

答　（ゴーン氏）　人は、どのような状況であっても手法は同じと思いがちですが、そうではありません。マネジメントというのは現実に適応するということです。医者がどのような病気でも同じ処方をすることはないでしょう。それぞれの状況に合わせて処方を決めるのです。

　危機的状況ではコミットメントが必要になります。就任直後の日産リバイバルプランの時に強いコミットメントを打ち出したのは、真の危機にあったからです。努力が報われなかった場合、私は退任すると申し上げました。全員に対して公約を掲げたのです。会社は当時、深刻な状態で、いわゆる死が迫っている状況だっ

たからです。

　ただし現在の日産に、同じような手法が必要だとは思いません。どちらかというと商品を武器にもっと攻勢をかけるといったことが必要です。

　コミットメントを設定する能力がないわけではありません。この会社は12年間、その底力を証明してきました。ただ、どんな条件でも極端にいく必要はない。手法を変えたわけではなく、適応しているのです。

問　目標実現のために重要なポイントとなるのは。

答　まず、新興国での市場拡大です。中国、ロシア、インド、ブラジル、インドネシアなど東南アジア地域、中東諸国で拡大する。 }B

問　ブラジルに今度、工場を建てて、5％のシェアを目指す。ご自身の故郷をいよいよ攻略されることになりますね。よく今まで我慢されていたなと思うんですが。

答　最後にようやく本当に (笑)。ただ、ビジネスのうえでは情緒、感情的になってはいけません。ブラジルに本格的に進出するのは正直、私自身大変うれしいですが、優先順位を変えるわけではない。まずは会社の利益です。日産にとってまずは中国、2番目にインド、3番目がロシア、それからブラジルは4番目という順番。今、ブラジルに行くときがきたのです。

　そして販売力です。特に新興国では、そのブランドを支え、セールスパワーを支えるような販売網の拡大をしないといけません。ブランド力の多様化も重要です。 }C

問 ブランド戦略は今回の中計でも非常に強調されていました。安価な車だけを売るようなメーカーになることを懸念されているのでしょうか。

答 ブランドを重視するのは、成長の持続につながるからです。ブランドがあるからこそ価格力がある。ブランド戦略がなければ、ただ単に日用品となるだけです。

　ブランド力はお客様の定着率や忠誠心につながる。お客様は強いブランドを第1の選択肢にします。それが適切な商品でないなということであれば、別のブランドに移ってしまうという順番です。ある調査で、日産のブランド価値は世界で88位になったんですよ。こういったランキングをさらに上げていきたいですね。⎬ D

問 日産は積極的に同業他社とアライアンス（協業・提携）を実施している点に特徴がありますね。

答 日産が成長したのはアライアンスのおかげだけではありません。アライアンスは成長の助けになっているということです。

　日産と仏ルノーのアライアンスは、日産の体制強化に寄与しました。中国の東風汽車とのアライアンスは、中国における成長を支えてきました。日産とルノーによる、ロシア自動車最大手のアフトワズとのそれは、ロシア市場で1番の日系ブランドに成長するカギです。独ダイムラーとの戦略提携は、我が社の高級ブランドである「インフィニティ」の発展に寄与します。⎬ E

（後略）

(出典)『日経ビジネス』2011. 8-15合併号より。

戦略の構成要素

　以上の記事で、日産自動車の戦略がどのように語られているかを見ていこう。

①どの程度の成果を目指すか——戦略目標の設定（A）

　中期計画の目標として、「2016年までに世界シェア8％、営業利益率8％」を示している。このように、戦略思考を起動させるためには、到達すべき目標設定が必要となる。

②どの需要を狙うか——ターゲットとする需要の選定（B）

　上記の戦略目標を実現するための主たる需要ターゲットを示している。ここでは、新興国諸国での需要獲得をターゲットとしている。

③どのようにその需要を獲得するか——競争優位の創出（C・D・E）

　上記の需要を獲得するための競争上で優位に立つポイントを示している。ここでは、「販売力」と「ブランド力」であり、その競争優位を築くために、他社とのアライアンス（協業・提携）が指摘されている。

　①の戦略目標は会計思考から導かれ、②のターゲット需要の選定はマーケティング思考を前提にしている。戦略思考は、これらの思考の上に成り立つ思考である。

　ここで、「はじめに」で示した3つの思考の重なりを再度見てみよう。戦略思考は将来に向けた競争優位の創出を目的とした思考だが、それは会計思考とマーケティング思考が前提となってい

〈図7.1 3つの思考が目指す成果の時間的な違い〉

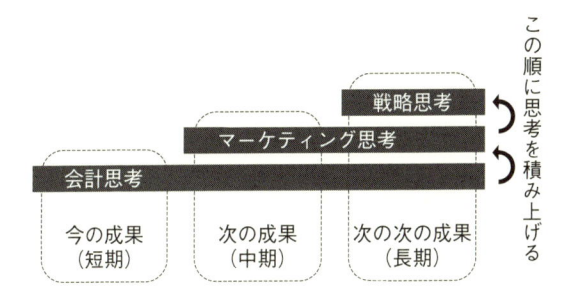

```
                                    戦略思考      ┓
                      マーケティング思考           ┃ この順に思考を積み上げる
        会計思考                                  ┛

      今の成果         次の成果       次の次の成果
       (短期)          (中期)          (長期)
```

る。「次の次の成果」に向けて、会計的な目標を定め、その時点でのマーケティング活動に備え、リソースを築くという思考の順番になるのだ。これら3つの戦略の構成要素を言葉にまとめると次のようになる。

【本書での戦略の定義】

> 将来の戦略目標を定め、ターゲットとする需要を選定し、競争優位を創出すること

　これを本書での戦略の定義とし、その意思決定のプロセスを戦略思考とする。後に見るように、実行される戦略は複数の代替案から最も妥当なものとして選択されたものである。そのさまざまな代替案を創出し、意思決定するというプロセスが戦略思考である。

　なお、戦略思考はビジネスの基本課題における「④競争優位の創出」に該当する。また、上記の定義における「ターゲット需要の選定」は、ある定められた事業領域を前提とする。既存の事業領域を変えるほどの大きな意思決定は、ビジネスの基本課題「⑤

〈図7.2　キャッシュフロー全体における戦略思考の領域〉

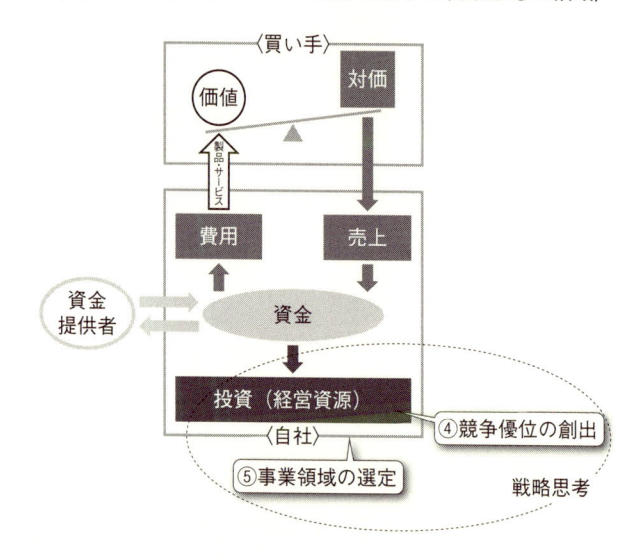

事業領域の選定」に当たる。

理念・ビジョンと戦略の違い

　ビジネスの希望を表明したものには、「戦略」の他に「経営理念」や「ビジョン」と呼ばれるものがある。ここで、それらの違いについて確認しておこう。

　「経営理念」とは、組織が共有すべき普遍性を持つ信念価値観である。ステークホルダー（自社のビジネスに関与する人々）や社会に対する誓約である。たとえば、日産自動車は「ミッション」と称し、次のような理念を掲げている。

　「私たち日産は、独自性に溢れ、革新的なクルマやサービスを創造し、その目に見える優れた価値を、すべてのステークホルダ

〈図7.3　経営理念・ビジョン・戦略〉

経営理念　▶　ビジョン　▶　戦略

ーに提供する。それらはルノーとの提携の元に行っていく」（2013年3月22日日産ホームページより　http://www.nissan-global.com/JP/COMPANY/MESSAGE/VISION/）。

　ミッションとは、「任務、使命」といった意味であり、経営理念と同様のものと考えてよいであろう。いつの時代であれ、日産自動車という組織が社会の中でどのような機能を果たすべきかを示している。最後のルノーとの関係への言及は、このような経営理念（ミッション）の表現としては独特である。90年代の日産を窮地から救ったパートナーと一心同体の存在であることを忘れないようにとのことであろう。

　経営理念は、組織としての価値観や社会に対する貢献分野などを示した、いわば行動の制約条件である。そのような制約があるからこそ、複数の個人が求心力を持って同じベクトルで行動することが可能になる。組織の憲法、守るべき指針である。

　「ビジョン」とは、経営理念を受け、ある時点までこうなっていたいと考える到達点のことである。「△△年までに世界シェア○％」や、「△△年に営業利益率○％」といったものだ。これらは定量的な目標だが、それだけとは限らない。「高齢者がいきいきとビジネスに参加している社会」などの、将来がどのようなイメージにあるかという表現もビジョンになりうる。

　経営理念やビジョンと、今議論している「戦略」とはどう違うのだろうか。戦略とは、経営理念に基づき、ビジョンを実現する

1　戦略を構成する要素　　159

ための道筋・方法である。私たちが考えうる範囲での、仮説的な工程表である。なにかしらの目標を達成するため、市場環境を踏まえてそれを実現するための手段が挙げられたものである。

ビジョンがある種の願望、憧れを伴う理想郷を表現したものであるのに対し、戦略には現実的に「できる」という冷徹な筋道が強調される。戦略はクールで論理的な希望である。「できる」理由の根本には、将来の顧客が積極的に自社を支持してくれる理由、すなわち競争優位をどのように確保するかが記されているはずである。競争優位とは、競合他社との比較の中で継続的に優位なポジションにある状態をいう。すなわち、顧客に価値を継続的に提供でき、かつそれが他社を凌ぐような活動の基盤を持っている状態である。

会計思考との関連

先に見たように、会計思考はまず戦略を検討する際の目標として示される。マーケティング思考では、期待される利益を顧客の維持・拡大のための制約条件として扱ったが、戦略思考では向かうべき成果としての目標になる。マーケティング思考とは異なり、意志としての目標がより重要になるからだ（第3節でじっくりと議論する）。

また、戦略思考によるアクションの分かりやすい例は「投資」である。将来の生産量拡大や新たなビジネス展開に備えた土地や設備の購入、他社の買収などである。

投資意思決定の判断方法は第1章で見たとおりである。原則的には正味現在価値（NPV）が高い投資案件が採用されるが、投資の利回りの観点では内部収益率（IRR）の判断基準も有効である。

固定資産を取得すると、会計情報として貸借対照表に記載される。貸借対照表（B/S）では、書式の右側（負債の部・純資産の部）にお金の調達方法が記載され、左側（資産の部）にそのお金をもとに調達されたリソースが記載される。そこには、ビジネス活動の基盤となっている企業の財産一式が記載されている。資産の合計値、すなわち総資産の金額が、企業のリソースと考えてよいだろう。

　ここで、ビジネスの成果を示す最も重要な指標、ROA（総資本利益率）を思い出そう。ROAは、経常利益を総資産（期首と期末の平均）で割ったものだ。

$$ROA（総資本利益率） = \frac{経常利益}{総資産（期首・期末平均）}$$

分子の利益額が同じであれば、資産は少ない方がROAは大きくなるので、より効率的なビジネスだということができる。できるだけ少ない資産でより多くの利益を出すことが高い評価につながる。これは、第Ⅰ部の「会計思考」で確認したとおりである。

　このことは、積極的な投資活動が、ROAに関してはマイナスに作用する可能性を示している。戦略思考では、競争力を高めるためにリソースを強化することを狙いとしているのに、ビジネスの評価においては、リソースが少ない方が評価されるということは、いささか矛盾しているのではないかという疑問が生じるだろう。

2　「人」を前提とした戦略

競争優位の源泉は「人」

　その疑問に対する答えの1つは、資産が増えたときには、それ

に応じて期待される利益も大きくなるということである。利益を上げて自己資本が蓄積されればされるほど、さらに利益を上げるように努力しなければならないのだ。

もう1つの答えは、貸借対照表には現れないリソースを蓄積することが評価されるということである。お金で買えないリソースを強化することが、ROAを高めるためには重要なのである。

そもそも、お金で買えるものだけでリソースを構成するわけにはいかない。お金で買えるものは他社も買えるものでもあり、それでは他社との違いを根本的につくることはできないからである。

私たちは皆、お金で買うことのできない、手に入れにくい希少なリソースをもとにしてビジネスを行っている。微細な金属加工のための職人技、体にフィットする衣服をつくるための独自の型紙、店舗で気持ちよく買い物をしてもらうために経験を重ねた接客方法、このようなどこにも「売っていない」技能や技術が収益の源泉である。

これらのリソースは、時間をかけて組織に蓄えられたノウハウ、個人個人の思考力、行動力といってよいであろう。したがって、ビジネスを成り立たせている核心となるリソースは、組織を構成する人々の頭脳や心や体に蓄積されているのである。それらこそが「プライスレス」であり、他社にはない、自社だけが不公平に持っているリソースである。

会計思考では、お金の使い道を常に考えることが重要であると説いた。お金を大事にし、その使い方に頭を絞り、その上でお金で買えないものをつくり出す。貸借対照表に現れないビジネスの成果に密接に関わっているもの、ROAを押し上げる決定的な要素、それが「人」である。

投資家と事業家の違い

　投資家は収益が期待される金融商品に投資する。ビジネスへの出資や融資も同じ動機である。しかし、投資家はビジネスに対し、事業家に比べて乏しい知識しか持ちえない。したがって、リスクを分散させるためにポートフォリオを組む。ポートフォリオとは、複数の投資案件を組み合わせてリスクが偏らないようにすることである。競馬であれなんであれ、賭け事の基本はポートフォリオである。一点張りはリスクが高すぎ、負ける確率が高くなる。

　ビジネスパーソン（事業家）にとっても、事業の領域を拡大することはこの発想である。さまざまな成長機会を探るとともに、景気変動に左右されない安定性を獲得したいという動機である。しかし、それは資金や人材の分散につながり、収益性の低下をもたらす。このやり方は「金持ちの喧嘩」の仕方である。資金が潤沢にあり、広い情報網から投資機会を探る投資家にこそふさわしい方法である。

　事業家は、他企業とは異なる見通しをもとに事業に挑む。会計思考、マーケティング思考でともに議論したように、他社は大きなリスクと感じ、かつ自社はそれほどのリスクと感じない「リスク認識のギャップ」が収益の源である。資源を集中して偏ったオペレーションを行い、世間標準から離れた異常値としての成果を求める。

　したがって、経営の迫力はビジネスの領域を絞り込む局面に現れる。リスクを恐れて事業領域を拡散していくと、ビジネスの本領を失っていく。

「人」はすぐには動けない

　事業家と投資家を比較して論じたのには、もう1つの理由がある。それは、人とお金の移動スピードの違いである。投資家のポートフォリオは、瞬時に投資先を変更できるという前提がある。お金は瞬時に動かすことが可能なので、新たな投資機会を虎視眈々とうかがい、見込みのなくなった投資案件に素早く見切りをつけることができる。

　かたや事業家は、プライスレスなリソースをもとに事業領域を絞り込んで収益を得る。そのリソースの核心となるものは「人」である。人はお金ほどすぐには移動できない。パソコンならソフトを書き変えれば瞬時に違う仕事ができるが、人間はそうではない。ビジネスの先行きが怪しくなったからといって、明日からまったく違うことを始めるわけにはいかない。

　このように考えていくと、人の存在を前提とするかそうでないかによって、未来を考える思考はまるっきり変わることが分かる。事業家としての戦略思考は、「人で構成される組織をどうするか」という立ち位置で考えなければいけない。お金に比べて移動スピードの遅い、過去と現実に粘着したリソースを抱えたところから発想せざるをえない。そのリソースを将来の希望の基盤として考え、かつ制約条件として考えなくてはいけない。

　ただし、経営において雇用の確保が絶対だといっているわけではない。ビジネスが窮地に立ったときに雇用を維持したいのであれば、その意思をバネにして、いかに顧客に価値が提供でき、競合を凌ぐ組織にするかのアイデアを出さなければならない。残念ながらそのアイデアが出せないときには、「人を切る」判断をしなくてはならない。

お金の軽やかな流動性と人間の粘着性のよい点をどう成果に結びつけていくか。機会に素早く結びつくお金の機動性と、他から調達できない「人」というリソースの継続的な強化の、相反するスピードをいかにマネジメントするかが戦略思考の大きな課題である。

3　目標がなければ始まらない

戦略思考には強い意志が必要

　経営リソースを形成するためにお金を使うということは、今を我慢して将来に備えることを意味する。手元に1,000万円あるときに、すぐ売上に結びつくであろう広告宣伝に使うのではなく、将来の製品開発のために研究所の人員を増やすといったことである。したがって、戦略思考によるリソース強化のための費用（投資）は、常に短期的な利益追求とトレードオフ関係にある。短期と長期の費用配分は常に緊張関係にある。

　また、将来に対する望みも1つとは限らない。将来に向けてより安定させたい、よりリスクを低減したいということと、よりリスクを取って収益を拡大したいということの葛藤もある。ビジネスの安定に向けては既存ビジネスに対して費用を振り向けるだろうし、より積極的に収益を拡大したいときは新規事業に果敢に挑戦することが選択肢になるであろう。

　会計思考で見たように、お金は短期的に成果が上がるものへ流れる傾向があるから、敢えて長期的な成果を見据えた投資に資金を回すためには、強い意図を持った意思決定が必要になる。1つひとつの意思決定において、将来を見据えてどのように判断する

かということである。戦略思考は単なる将来見通しや整然としたシナリオをつくることではない。それらを踏まえた意思決定の問題なのである。

戦略思考において、お金をかけた活動の結果は将来にしか現れない。意思決定の善し悪しが、会計思考やマーケティング思考のようにすぐに答えが出るものではない。だから、結果を確認しながら修正して妥当な方策を探るというやり方ができない。したがって、どうしても将来をどうしたいのかという「思い」や「目標」を優先せざるをえない。どうしたいかという「思い」が先にあり、それが妥当な方針なのかどうかを確認するときに、論理を追った戦略思考が必要になる。戦略は「できる」という冷徹な思考が必要であることを先に記したが、一方で熱い意志が必要なのだ。「思い」の熱さと、「論理」のクールさの両者が必要なのだ。

まず欠如感が要る

先の日産の例で、ゴーン氏は「2016年までに世界シェア8％、営業利益率8％」との目標を掲げている。これらの数値が目標となりうるためには、その時点でまだ実現できていないという事実が前提になる（2010年度は世界シェア5.8％、営業利益率6.1％）。ゴーン氏は、これらの目標を「コミットメント」という強い言葉で表現していた。日本語でいえば、「約束」といった意味である。経営が危機のときの、明確な目標設定の重要性を示している。

労働経済学が専門の玄田有史氏は『希望学』の中で、「希望とは欠如である」と語っている。「これでいい」と満足してしまっては、希望は生まれないということである。「足るを知る」という、現状をあるがままに受け入れ、現実の枠の中で幸せを見つけ

ていくといった達観した考えではダメだということだ(戦略を思考する上でダメだということで、人生訓としては立派な考えだと筆者は思っている)。何らかの欠如感があり、その欠如を埋める期待が希望であり、それが長期的なビジネスの展望になり、戦略思考が起動する。

　目標があって初めて戦略思考が起動するとはどういうことであろうか。それは、目標の程度(欠如の程度)により世界の見方が変わるということである。目標がなければ、世界をどのように見ればよいか途方にくれてしまうのである。

　たとえば、アフリカ市場への進出を検討すべきかどうか、その問いかけ自体に答えはない。それは目標次第である。国内市場でのシェアアップだけで目標に達しなければ、海外市場への展開を検討する必要があるであろう。さらに海外市場の中でも、先進国や新興国市場での売上増で目標に達しないことが予想されるなら、アフリカ諸国など、後進国への進出も考えなければならないであろう。

　このように、まず目標を設定することによって、思考の範囲を定める必要がある。もしこれが曖昧なら、組織のメンバーは、おのおのが勝手に目標を暗黙の中に置くことになる。それは思考の自由をもたらすものではなく、むしろ思考の範囲を勝手に制限し、思考の停滞をもたらすことになる。

2種類の戦略目標

　戦略目標を策定するにあたり、一般的に次の2つのアプローチがある。

①消極的なアプローチ：既存事業の収益力低下

　これは、現状のビジネスの推移から予想収益を計算すると、次のような事態が予想される場合である。

「資金繰りが回らない（倒産の危機！）」

「投資家に約束した利回りが出ていない、（上場企業であれば）株価が下がっている」

「中期経営計画の目標に達しない」

といった事態である。

　生存のための危機感は、行動の強い原動力になる。火事場の馬鹿力を発揮して危機を乗り切った経験は多くの人が持っているであろう。しかし、このような動機づけでは、業績が安定している局面では行動が停滞することになる。将来に向けた戦略思考を起動させるためには、より積極的な目標設定をする必要がある。

②積極的なアプローチ：志とのギャップ

　戦略思考は基本的に「将来の備え」として機能するものだから、欠如は目に見えるものではなく、自分の心の中で想像として描かなくてはならない。「①消極的な動機」で見たような欠如が顕在化する前に、すなわち経営が悪化する前に欠如を感じる意識が必要なのである。ビジネスが順調なときに、敢えて欠如を感じることができるかどうか。それが「常に」戦略を考えることができるかどうか、ビジネスを行う上で「戦略的」になれるかどうかの分かれ目である。

　そのためには、個人の思い、言い換えれば「志」が必要になる。この志は、戦略思考を起動する前提として存在するから、論理的な思考で現れるものではない。個人としてのこだわりや生き様、

信念といったものに関わるものだ。

　志という言葉を持ち出すと、志が持てなくて悩んでいる人が思い浮かぶ。やりたいことが見つからないという思春期にありがちな悩みと似ている。それは、志という言葉がなにか高貴なもの、背伸びした目標をイメージすることによるものだと思われる。しかし、志とは決してそのような立派なものだけではない。

　先に「志が必要になる」と記したが、実はその表現は正確ではない。私たちは、なにかものを考える際の前提として、必ずなにかしらの思い、価値観、実現したいレベル感といったものを持っている。たとえば、ランニングを始めた人は、「とにかく体を動かしたい」「10キロくらいは走りたい」「マラソン大会に出たい」などの思いを持っているはずである。そういった思いを意識しているかどうか、自覚的であるかどうかということで行動に差が出るのだ。ビジネスでも、「志がある」ということは、自分が持っている目標について自覚的であるということである。志は誰もが持っているものなのである。

　したがって、「志を持て」というのは、自分がそもそもなにをしたいのかをはっきりさせ、自覚を持つということである。自分の思いに自覚的になり、その上でそれが自身の置かれている期待や環境と整合的であるかを自問自答し、場合によってはそもそもの思いを修正する。そういった思考経験の積み重ねが、ビジネス思考を深くし、成果を生み出す確率を高めていくのだ。

市場環境分析との関連

　目標を定め、その目標を実現するために市場環境に目をやり、自社のビジネスのための分析をする。目標の置き方により、見る

ものの範囲、分析の範囲が変わっていく。スポーツの世界大会で、「まず1勝」を目標とするのと、「ベスト4」を目標にするのでは、その準備に大きな違いが出る。

また一方で、かつてベスト16が精いっぱいだったチームにとって、目標を「優勝」に置くべきかどうかにも注意が必要である。目標は市場環境分析の結果定められるという側面もある。現状からあまりにかけ離れた目標は組織の希望になりえない。

目標設定は、まず直感的な見通しから始まる。それが無意識的に思考されると、現状追認型、改善型、前年対比微増型の目標になる。戦略思考は、そのような惰性の思考を避けるために行うものだ。

その一方で、冷静な市場環境分析が必要である。戦略思考は、経験や知識から湧き出た志と、市場環境の接点を探るプロセスなのである。

意図を持つことの弊害

ジョン・レノンの歌「イマジン」に、「みんなが今日だけのために生きることを想像してみよう」というくだりがある。今日だけに注目すれば争いは起きない。未来をあれこれ考えるから争いが起きるという反戦的なメッセージである。ビジネスの戦略思考、すなわち将来の意図をつくる作業において、このことは注意しておく必要がある。将来の希望は、前向きなエネルギーになるとともに、社会との軋轢のもとにもなる。

オーバーエクステンションという言葉がある。多少無理をしないとビジネスの拡大は望めないということである。現実的というのは保守的ということにつながるから、無理をすることが成長の

原動力であるという考え方も成立する。

しかし、無理な戦略をがちがちに思い描いてしまうと、未来を予定調和させようという欲が働き、現実と乖離する。高い目標を掲げた戦略に固執しすぎると、いわば戦略原理主義とも呼べる無理なマネジメントになり、現実的すぎると小さくまとまってしまう。戦略思考は、この両者のバランスをどう取るかという命題になる。「やりたい」と「できる」のバランスが求められるのである。

意図を持つことは、環境をねじ曲げてまでやりたいことを目指すということではない。志がないとビジネスは始まらないが、それはあくまで戦略思考を起動させるきっかけと心得ておこう。

第7章のまとめノート

✓ 戦略を構成するもの
　　①戦略目標の設定
　　②ターゲットとする需要の選定
　　③競争優位の創出

✓「人」を前提とした戦略思考
　　投資家と事業家の違い
　　人はすぐには動けない

✓ 戦略目標
　　消極的なアプローチ：既存事業の収益力低下
　　積極的なアプローチ：志とのギャップ

第8章 「早さ」と「速さ」の競争優位

1 競争に関心を向ける

将来の需要は「ある」ものとして考える

　第7章の後半では、戦略の第1の要素である戦略目標について説明してきた。次の要素は、「どの需要を狙うか（ターゲット需要）」を決めることである。先の日産の例では、新興国、すなわち中国、ロシア、インド、ブラジル、インドネシアなど東南アジア地域、中東諸国の需要をターゲットにしていた。

　将来の需要を予測するには、人口、世帯数、所得の伸び、技術動向などのマクロ環境の予測から推定することが一般的である。新興国の所得が将来上がるから、自動車の需要が増加するだろうといった具合である。企業が将来のシナリオを描くときには、このような何らかの見通しを立てなければならない。

　しかし、そのような見通しをどれだけ精緻に積み上げたとしても、将来の需要が「確実に」あるかどうかを知ることはできない。商業施設やテーマパークの建設時の入場者予測がはずれて苦しい経営を強いられる例は枚挙にいとまがない。どんなに統計的な手法を駆使したとしても、その確実性には限界がある。

　戦略思考は、狙いとする市場において「需要が確実にあるかど

うか」を精査するものではない。それは個別のビジネスに関する専門知識に属することである。戦略思考は、「需要があるとすれば」どのような手を打つべきなのかを考えるものだ。言い換えれば、戦略思考は、需要の存在は「所与」として扱わざるをえないということだ。ある想定された需要において、将来どのような競争が起こり、どのような手を打つべきかということに議論のテーマが限定されるのである。

このように書くと、需要をあるものと限定して思考を進めるとはなんて乱暴な議論なんだ、危険すぎるのではないかと思われるかもしれない。需要の確実性は分からないといいながら、需要をあるものとして議論を進めるということに矛盾はないのか、ということである。

もちろん、将来の需要があるかないか、その確率はどの程度なのかは重大な関心事である。しかし、それはそもそも分からないことなのだから、現時点でできることは、需要があるものと仮定して、将来に向けた準備をすることだけである。もし、需要の可能性がある程度高く（日本で高齢化が進むことで健康関連需要が増えるなど）、競争優位に立てる見通しがあれば、ある程度大胆に投資をしてもよいであろう。逆に、需要の見通しがより不確実であれば（電気自動車のシェアが近い将来急速に上がるなど）、その仮説に立ったシナリオだけに固執するのは危険である。その場合は、複数のシナリオを立て、それぞれの需要について戦略思考を巡らせる必要がある。

2000年当時、インターネット販売は黎明期であったが、当時の事業家には「もしインターネット販売の利用者が増えるとすれば」という前提でしか戦略は思考できなかったはずである。その

1　競争に関心を向ける　173

ような思考で入念に準備をし、他社よりも先に手を打った企業が、結果として成果を上げたといってよいであろう。

戦略思考は競合に関心が向かう

さて、ひとたびターゲットとする需要を定めた後の問いは、次のようなものだ。

「将来、社会はどのように変わり、買い手の振舞はどのように変わるだろうか」「将来顧客にすべき人々はだれなのか」「それらの人々に対価を支払ってもらうにはなにをすべきだろうか」。これらの問いに対し、マーケティング思考のように「今の顧客」を注視してれば答えが見つかるだろうか。残念ながら、将来の顧客がどのようなものが欲しいかについては、現在の人々を眺めていても分からない。

その結果、私たちの関心は必然的に競合企業との競争に向かう。「仮に需要があるとすれば」他社はどのような手を打ってくるのか、どのような競争になるかに関心が移動するのである。したがって、その競争における優位性をいかに確保するか、すなわち「競争優位」をどう築いていくかがテーマになる。それが戦略の3つ目の要素、「競争優位の創出」である。

日産の例では、「販売力」と「ブランド力」が挙げられている。「特に新興国では、そのブランドを支え、セールスパワーを支えるような販売網の拡大をしないといけません。ブランド力の多様化も重要です」とゴーン氏は語っている。新興国での需要獲得に向けて、競合企業と販売網の拡大競争が激しくなることを想定している。

将来の競争優位を考えるためには、単に現在の競合の状況を見

〈図8.1　マーケティング思考と戦略思考の主たる視線の違い〉

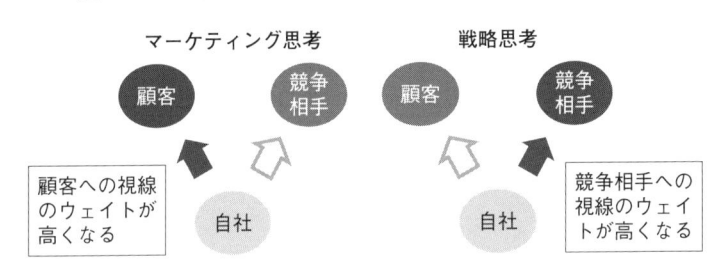

マーケティング思考　　　　戦略思考
顧客　　競争相手　　　顧客　　競争相手
顧客への視線のウェイトが高くなる　　自社　　自社　　競争相手への視線のウェイトが高くなる

るだけでは十分ではない。将来時点で競争相手がどのような出方をしてくるか、さらにどんな新たな競争相手が出現するかを考えなくてはならない。私たちと同じような思考能力を持ち、同じような情報を持っているとすればどのようなビジネス展開をしてくるか。競合他社のリソースを想像し、彼らが企業価値の最大化をどん欲に追求したときにどのような手を打ってくるか。そのときに、この業界はどのような競争になるか。そのようなことを考えなくてはならない。

マーケティング思考は、「既存の競争状態を前提」として「顧客の関心事を見極める」ことに力を注ぐ。戦略思考は、「将来の需要を前提」として「競争相手の出方を想定」する。マーケティング思考において顧客の関心事をくみ取る力を競い、戦略思考において競争優位、すなわち将来の成果を生む能力の蓄積を競うのである。

競争相手をアイデアのきっかけにする

主たる視線を競争相手に注ぐことで、自社の強みと弱みを鮮明にあぶり出すことができる。たとえば、日本の家電業界を考えて

みよう。低コストを武器とした新興国の競争相手を想定したとき
と、先進国の製品企画力を武器とした競争相手を意識したときで、
目指す競争優位が異なる。自社の強み・弱みのポジションが変わ
るからだ。強み・弱みの分析の詳細は「第9章　市場環境分析」
で解説するが、ここでは、競争相手の設定により思考がどのよう
に変わるかを見ていこう。

　新興国メーカーと比較すると、製品開発技術は自社が優れてお
り、コスト面で劣っているとしよう。このとき、強みを活かす施
策としては「製品開発技術」が想定され、克服すべき弱みは「製
造コストの低減」であることが導かれるだろう。一方で、先進国
メーカーと比較すると、新たなコンセプトを持った製品企画力に
劣り、日本人の利用実態に適合した製品開発に強みがあるとしよ
う。この企業を主たる競争相手とみなしたときには、新たなコン
セプトを開発する人材の獲得・育成が克服すべき課題であること
が導かれるだろう。

　こう考えると、どの企業を競争相手と想定するかも重要な意思
決定事項であることが分かる。将来時点の競争相手がどのような
企業であり、その時点でどのような競争が繰り広げられるかを想
像する必要がある。

2　競争優位の実体

競争優位を築くために実行できること

　将来の需要のありかの仮説を立て、その需要における競争を想
定し、競走優位を創出する。日産の例では、新興国での需要を獲
得するための競争優位は「販売力」「ブランド力」であり、その

ために中国やロシアの自動車会社とのアライアンスを結んでいた。

　将来の需要と競争を想定するという点で、戦略思考の意識は将来に向かう。しかし、それらの想定を今着手できる行動に結びつけるために、意識は再び現在に戻す必要がある。欠如を認識し、それを埋めていく作業である。もちろん、いろいろなことを検討した結果、今はなにもすべきではないという結論が導かれることもあろう。「今はやらない」というのは、1つの意思決定である。しかし、十分に検討していないのですべきことが分からない、なんとなく日常が平穏に過ぎているのでなにも考えていないといった事態は避けなくてはいけない。

　築くべき競争優位とはなんだろうか。あなたのビジネスでも、使い込まれた生産設備、他社に先行した研究開発の技術、歴史を通じて広く張り巡らせた販売網、さらにはあなた自身の知識・ノウハウなど、いろいろと思い浮かぶものがあるだろう。

　あるいは「お金」と考えた人もいるかも知れない。しかし、お金はそれまで挙げたものと性格が異なる。お金そのものは競争優位にはならない。お金は、そのまま（金庫の中の現金や、銀行に預けたままの状態）ではビジネス活動に貢献しない。お金は競争優位を獲得するための手段にすぎない。会計思考の冒頭に記したように、ビジネスに必要なのは、お金をなにに替えるかというアイデアである。将来の希望をつくるために、お金をどのような競争優位に替えるかが問題なのである。

　以降、競争優位の実体を「コア技術」と「オペレーション能力」に分けて論じる。「コア技術」とは、ビジネスの核となる技術のことである。「オペレーション能力」とは、商品開発プロセスや生産プロセスなど、社内のオペレーションに関する能力、お

よび部品のサプライヤーや流通業者など、社外のパートナーとの関係をつくる能力のことである。

先にROA（総資本利益率）を上げるためには、お金で買えない競争優位、すなわち人が重要であると述べた。これら2つの競争力は、結局のところ人と組織に根差すものということができる。

競争優位①　コア技術

1990年、米国の『ハーバード・ビジネス・レビュー』誌に掲載された、「コア競争力の発見と開発」という論文が話題になった。企業の強みの中の、真に中心となる強みはなにかという議論である。短期業績を重視するあまり、まとまった事業単位（テレビ事業や化粧品事業といったマネジメントの単位）のM&Aを繰り返す米国企業への警鐘として、企業の根幹になる競争力を蓄積することこそが経営の大事であることを提言した。そこでモデルとされたのは、ホンダやNECなどの日本企業である。

そこで指摘されているコア競争力の実体は自然科学に根差した技術だった。コア競争力としての技術（ホンダであればエンジンをつくる技術）が根っこにあり、そこから伸びた幹としてコア製品（エンジン）があり、最終商品としてさまざまな花を咲かす（自動車、二輪車など）といった構図である。

コア競争力と称することのできるリソースは、次のような特徴を備えたものとされている。

①模倣困難
　他社がまねしにくいものであること。
②顧客価値

顧客の価値を実現するものであること。
③展開可能性
さまざまなビジネスの展開に役立つもの。

例として挙げられているホンダの「エンジンをつくる技術」で確認してみよう。エンジンはおいそれとつくれるものではないので「①模倣困難」であり、快適な走行や燃費といった「②顧客価値」に直結し、四輪自動車や二輪のオートバイなどの「③展開可能性」がある、まさに優秀なコア競争力だということができる。

技術知識は避けては通れない

容易に真似をされない独自技術は一朝一夕に生まれることはないからこそ、「次の次」の成果を目指す戦略思考が求められる。特定分野に競合企業以上に資源を集中して、長期的な視点から育成しなければならない。

本書で、技術に関して記述できることはほとんどない。しかし、少なくともいえることは、ビジネスの意思決定において、技術の制約を踏まえない決定はまったくのナンセンスであることだ。たとえば、製造技術からほど遠い筆者のビジネス（経営コンサルティング業）は、パソコンの技術の上に成り立っている。扱えるソフトウェアで仕事の生産性が著しく変わり、提案書や報告書の見栄えは変わる。筆者の事業の将来を考えるにあたり、情報通信やwebの技術が分からないと、ホームページでなにが表現できるかも想像できない。

決して技術の専門家になれといっているわけではない。しかし、なにが意思決定に決定的な影響を与えるかを知っておかなければ

ならない。ビジネスに責任を持つ立場になるときには、このことは特に重要になる。技術的なトラブルや、技術的な原因による顧客からのクレームに対応できなければ、責任あるビジネスパーソンとはいえない。技術的な問題は、解決のためのコストや時間と相関する問題でもある。企業価値に貢献するための意思決定をするためには、ここから逃げるわけにはいかない。なにを優先し、なにを捨てるのかというロジックを素早く組み立てる能力が問われる。

戦略思考では、具体的なマーケティング施策に結びつくほどの詳細な技術知識は必ずしも必要ではない。しかし、技術に対する基礎的な知識は必須である。技術とは、先人の研究成果を活かした応用可能な知識の集積である。製造業であれ、サービス業であれ、すべてのビジネスは技術の上に成り立っている。社会生活そのものがそうだといってもよいであろう。

技術とは人間の知恵の体系であり、アイデアの源泉であるとともに行動の制約条件である。あなたは、あなたのビジネスに決定的な技術について学ばなくてはならない。技術から逃げてはビジネスにならないのだ。

競争優位② オペレーション能力

競争力の実体は技術だけであろうか。技術とは呼べない分野、たとえば取引業者との関係や社内および会社間のマネジメントの工夫に関するものがある。これらを本書では「オペレーション能力」と呼ぶ。日産の例では、「特に新興国では、そのブランドを支え、セールスパワーを支えるような販売網の拡大をしないといけません。ブランド力の多様化も重要です」とゴーン氏は語って

おり、販売に関するオペレーション能力が鍵であるとしている。また、複数のブランドイメージが定めた顧客ターゲットに届くようなマネジメント能力の必要性も挙げている。これも技術領域ではなく、オペレーション能力の1つといってよいであろう。

　一見同じビジネスを行っていても、業績が著しく優れている企業がある。たとえば、コンビニエンスストアの仕組みは各社とも似たようなものだが、セブン-イレブンと他のコンビニの収益力には差がある。セブン-イレブンの強みはさまざまに議論されているが、経営学者の小川進氏の『デマンド・チェーン経営』では、「発注管理の仕組み」「情報システム」「物流システム」が指摘されている。その内容は、次のようなものである。

①発注管理の仕組み
　店舗の発注担当者が、次に売れる商品の仮説を立て、その検証を絶えず行う仕組み。
②情報システム
　POSシステム（レジを通した時点で情報管理を行うシステム）により、顧客層ごと、時間帯ごとの売れ筋商品を把握し、品ぞろえに活かす仕組み。
③物流システム
　狭い地域への集中出店、取引先の絞り込み、複数メーカーの商品の共同配送などによる、小ロットかつ効率的な物流の仕組み。

　これらの仕組みは、すべて店頭の状況に応じた販売を支援するものであることに注意が必要である。「ほしいものが常にある」という、コンビニエンスストアに求められる価値を体現するため

の仕組みなのだ。オペレーション能力を築いていくとき、それがどのような顧客価値に向けられたものなのかを明確にする必要がある。

戦略思考で重要なのは、買い手から見える製品やサービスそのもの（マーケティング施策）ではなく、それらを実現する組織の力に焦点を合わせることである。製品やサービスは模倣されやすいが、それを実現するオペレーションは模倣されにくいといえる。したがって、継続的な競争優位となりうる。

事業システムの視点

オペレーション能力は、社内外にわたる業務の設計（事業システム）と、それを動かすマネジメント活動に分けることができる。前者の仕事の設計方法に関し、加護野忠男氏の『競争優位のシステム』で詳しく解説されている。そこでは、事業システムの骨格をなす2種類の基本的な選択が示されている。
①どの活動を自社で担当するか
②社外のさまざまな取引相手との間に、どのような関係を築くか

また、ひとの活動の調整のために、次の決定が必要である。
①誰がどの仕事を分担するかについての分業構造の設計
②人々を真剣に働かせるようにするためのインセンティブ・システムの設計
③仕事の整合化のための情報の流れの設計
④仕事の整合化のためのモノの流れの設計
⑤仕事の遂行に必要なお金の流れの設計

たとえば、筆者の自宅の近所に回転寿司店がある。ある漁港と提携関係にあり、値段は少し高いが、よいネタを提供してくれている。魚の販売も行っており、魚屋兼寿司店という業態である。現在、世界的な寿司ブームで、寿司ネタは凄まじい取り合いになっているが、この店は良質な魚の安定的な仕入れルートを持っていることが強みになっている。

　事業システムという考え方は、「一連のシステム」というビジネスの全体像に関心を向けさせることに意義がある。全体を俯瞰してビジネス活動を捉え直し、さらに鍛えるべき強みと、克服すべき弱みを見出すことにより、将来に向けた活動のアイデアを得ることができる。

　マーケティング施策の1つである「流通」において、メーカーが卸売業や小売業を活用するのも事業システムの一部である。流通側だけでなく、材料の購買や物流などの供給側も含めた広範囲なバリューチェーン全体を捉えたものが、事業システムという考え方である。

　競合他社と差別化された事業システムは重要なリソースであるが、それだけでビジネスの成果が決まるわけではない。どんなに緻密なコンピュータシステムを導入しても、利用者が使いこなせなければ効果が出ないのと同じである。ビジネスも、その仕組みの設計がよくても、その設計図にあわせて人々の活動をうまく調整できなければ、絵に描いた餅にすぎない。事業システムと、社内外の関係者の日々のマネジメントが融合したものが「オペレーション能力」である。

　ビジネスは、あらかじめプログラムされたロボット同士の闘いではない。優れた事業システムは、意欲的な行動を引き出す優れ

たマネジメント、あるいは自立的な行動を引き出す企業文化によって、個人の行動に結びつけられて初めて威力を発揮する。

強みは「早さ」と「速さ」

　コア技術にしろ、オペレーション能力にしろ、それらが顧客価値に直結し、他社からまねされにくいものが競争力とみなされることは了解されるだろう。

　ここで、これらの強みを、別な観点から見ていこう。まず、これらの強みが発揮されている状態を考えてみる。強みの発揮とは、マーケティング活動や収益性の向上（コストダウンや資金効率の向上）において具体的な効果をもたらすことである。

　そのような状態とは、開発にしろ、販売にしろ、顧客が許容するレベルに競争相手よりも「早く」到達できている状態と言い換えることができる。たとえば、コア技術による開発力とは、技術的な効果的な解決策に、他社よりも「早く」到達できることを指している。一見すると、「早さ」とは異なる「高い加工精度の技術」という強みであっても、他社よりも「早く」品質基準にかなった製品が出荷できるということで成果に結びつく。それが単位時間あたりの生産量の優位をもたらし、コストの優位性につながる。

　また、オペレーション能力に属する「材料調達力」は、品質基準に合致した材料を、要求された量やコストで他社よりも早く確保することができる能力のことといってよいであろう。いずれにしろ、他社よりも時間的に先行しているという状態である。

　結果が「早く」出るということは、意思決定や行動が「速い」ということである。「速い」は動作が速やかなこと、「早い」は時

間的に「前」であることである。「速く」行動することにより、「早く」成果を上げることができるのである。

このことは、会計思考で示した、お金は時間的に早く手にすることが必ず善であるということと結びつく。お金の獲得時点が、現在時点よりも時間的に遠くなればなるほど、割引率が大きく利くので、現在価値は低くなることを思い出してほしい。「速く」行動して「早く」キャッシュインすることを可能にする力を「強み」「競争力」と称しているのである。

強みは常に追いつかれる恐れがある

このように、「強み」を「速さ」「早さ」といった時間軸の中で考えることは、強みの「発揮」だけではなく、「蓄積」に関する議論にも有効である。筆者が以前勤めていたワコールは、創業当時、全国の百貨店と約3年で取引を成立させた。この行動の速さにより、当時の主要販路での高シェアを獲得した。「販売力」の源泉は、交渉のスピードだったのである。

強みは、常に他社に追いつかれる可能性がある。かつて日本の電機メーカーは、製品開発や製造品質において、欧米のメーカーに追いつけ追い越せと頑張っていた。今では、新興国メーカーが日本企業に追いつき、またある領域では追い越し、家電市場の覇権を競うようになっている。

企業の強みは、常に競争相手からキャッチアップされるリスクにさらされている。したがって、革新的な発明に対しては、特許という社会的な制度でそこからの恩恵を守るようにしている。特許制度という競争相手からの防御策があるからこそ、多額の費用を掛けて新製品の開発に挑むことができる。その競争とは、いう

までもなく、他社より「早く」開発することである。イノベーションとは、他社との差を一気に開き、キャッチアップまで相当の時間がかかる技術開発ということができる。集団で走っていたマラソン競技で、急にターボエンジンが起動して前に飛び出すようなものだ。

逆に、特許が適用されないような技術は他社の模倣の脅威にさらされる。しかし、先に事業システムの項で見たように、製品開発だけではなく、原材料の開発・調達や物流、販売チャネルといったビジネスの流れ（バリューチェーン）全体で他社と差別化を図ることで、模倣の脅威を低減することができる。事業システムの優位性は外からは見えにくいため、他社のキャッチアップにも時間がかかるのである。

ただし、そのような強みも、いずれ「時間さえかければ」他社に追いつかれる可能性はある。他社が猛烈に追いついてきた場合は、他社を先回りしてさらに上を行く強みを「早く」築いていくしかない。もし他社の追随に対する対抗手段がなく、追い越されることがはっきりしているなら、そのときが事業領域の変更を検討するタイミングといえるであろう。

第8章のまとめノート

- ✓ 戦略思考は競争に目を向ける
    - 想定する競争相手により検討事項が変わる

- ✓ 競争力の実体1：コア技術
    - 模倣困難、顧客価値、展開可能性

- ✓ 競争力の実体2：オペレーション能力
    - 事業システム
    - 社内外の活動のマネジメント

- ✓ 強みの定義と実体
    - 究極の強みは「早さ」と「速さ」

第9章 蛸壺に入らないための市場環境分析

1 代替案が戦略の質を上げる

人々の動機づけ

　スティーブンソンの子供向け小説『宝島』では、主人公のホーキンス少年が、財宝が眠っているであろう宝島の地図を入手する。そのくすんだ紙に書かれた地図が、大冒険の原動力になった希望である。希望とは、そのような行動を喚起するなにものかである。やってみようという動機づけになる情報・指針をどのように形成するかである。

　ビジネスにおいて、宝島の地図に相当するものは記述できるであろうか。財宝のありかを地図に記述する目的は、自分自身の備忘録か、誰かにそれを伝えることである。戦略を記述する目的も同様である。その主たる目的は他の人々の協力を得ることである。従業員の協力、資金提供者の協力、仕入れ業者の協力などである。

　人々の協力を得るためには、頻繁に戦略を書き換えるわけにはいかない。読み手が混乱し、活動の足並みがそろわなくなるからである。戦略は、コロコロ変わるものではなく、一定期間継続したマネジメントに展開できるものでなければならない。

戦略はいくつかの代替案から選択されたもの

　小汚いボロ布に描かれた宝島の地図は、本当の財宝に出会うまでは誰も保証できない仮説にすぎない。ビジネス上の戦略もまったく同様に、どんなに論理的に整合していたとしても、あくまでも仮説である。しかも、ビジネスの場合、財宝のありかは一箇所にとどまっているわけではない。環境の変化とともに仮説は変わり、その地図は刻々と書き換えられるべきものだ。

　戦略は将来を描くことなので、当然ながら不確実性が大きくなる。将来想定される状況により、取るべき策は変わる。為替レートや大規模な自然災害、政治動向など、将来の不確定要素が満載である。不確実であるがゆえに、戦略は複数の代替案を持たなければならない。それを戦略代替案と呼ぶ。環境変化に応じて機動的に行動が変えられるように準備をしなければならない。そのいくつかの代替案の中から選択されたものが世に現れた「戦略」である。

　たとえば、先に見た日産の例では、中国の東風汽車、ロシアのアフトワズなどとの提携でそれぞれの市場での販売増を目指している。ここには、これらの提携先とは異なる他社との提携、あるいは販売網を自前で拡大するという代替案が隠れている。もし状況が異なれば、そのような判断もありえたのである。

正確に記述することは不可能

　したがって、（戦略ではなく）戦略思考を正確に記述しようとすれば、考えうる選択肢をすべて挙げ、その中から最も妥当なものを選び出す基準、および選択された代替案を記さなければならない。当然ながらそれらの記述には膨大な労力がかかる。仮に膨大

な記述を完了したとしても、その記述ができたころには新たな思考が生まれ、その記述を更新しなくてはならない。さらにはその膨大な記述を読み込む側も大変である。したがって、戦略思考を正確に記述することは不可能である。

それゆえ、ある戦略が結果としてうまくいった、うまくいかなかった、という瞬間を切り取ることで、戦略思考の善し悪しを評価することはできない。どういう情報をもとにその仮説を築いたか、その材料を吟味選択するときにどのような判断をしたか、そういう思考を構成する要素とプロセスが重要なのである。

戦略は頭の中にある

経営学者の三品和広氏は『経営戦略を問い直す』の中で、「戦略はどこに存在するのか。(中略) 答えは、経営者の頭の中です。組織や文書に戦略が宿ることなどありえません」と記している。私たちが目にする「戦略」は、紙に書かれたりプレゼンテーションされたりしたものなので、この表現は意外なものに映るが、未来は不確定なので、未来の打ち手について決め打ちはできないということである。

また、同氏は「戦略とは『本質的に不確定』な未来に立ち向かうための方策です。戦略には『能動的に』というイメージが付きまといますが、実際には、次々と想定が崩れていき、思わぬ方向から、そしてありとあらゆる方向からタマが飛んできます。飛んできたら受けないわけにいきません」とも記している。未来時点での成果を考えるときには、「想定外」の事象に否が応でも対応しなければいけないということである。

三品氏は、将来の不確定性を強調している。したがって、将来

の方針はどの時点であっても確定することができず、常に経営者の頭の中で施行されるべきものであることを説いている。

このような不確定な未来に対応するには、ある種の記述不可能な能力とセンスが必要になる。優秀なアスリートやアーティストの世界と同じである。それを踏まえた上で、すべてのビジネスパーソンが努力できることは、将来に備えてできるだけ多くの代替案を準備しておくことである。「紙に書かれた戦略」は、多くの代替案の中から最善であると評価された案ということができる。その案を採択した前提が変われば、他の代替案を前面に出してこなければならない。

以降、将来の方針について代替案をあれこれ思考することを「戦略思考」、その結果、採択されて表に出た案を「戦略方針」と分けて議論する。重要なのは「人の頭に宿る」戦略思考の方である。

市場環境分析の方法

戦略目標を実現するために市場環境を分析し、すべきことの代替案、すなわち戦略代替案を創出することが本章のテーマである。多くの代替案を考えることが、結果として質の高い意思決定につながる。そのためにはまず思考を拡散させなければならない。

戦略代替案をアウトプットするために、2つのことを考慮しなければならない。1つはどの需要を狙うかというターゲット需要の選定であり、もう1つは、その狙った需要に対する競争を制する鍵はなにかを見極めることである。この2つは最終的に選ばれた戦略方針のアウトプットであるが、戦略思考のプロセスの中で、さまざまな可能性が検討されることになる。なお、これらの検討

〈図9.1　市場環境分析のステップ図〉

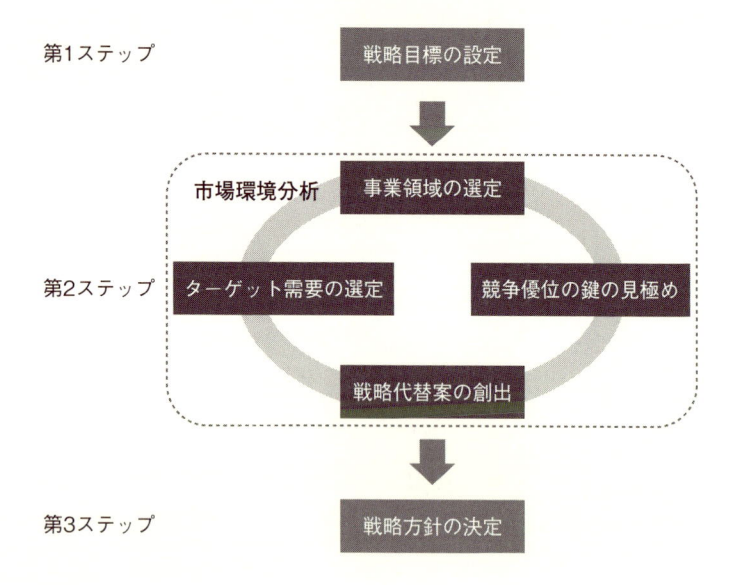

第1ステップ　　戦略目標の設定

市場環境分析
- 事業領域の選定
- ターゲット需要の選定
- 競争優位の鍵の見極め
- 戦略代替案の創出

第2ステップ

第3ステップ　　戦略方針の決定

は、事業領域をどの範囲で考えるかという前提に制約される。

　これらの分析は、先に述べたように、「戦略目標の設定」を前提とする。目標がなければ研ぎ澄まされた思考は起動しない。目標がなければぼんやりとなにかを思うだけである。

　また、市場環境分析の次のステップで、「戦略方針の決定」が行われる。代替案の中から実行するものを選択する。代替案の評価基準は企業価値に貢献するかどうかである。それは、会計思考で論じた投資評価方法に準じて計算される。

2　前提としての事業領域

事業領域とは

なにかを思考するためには、思考の対象を限定しなければならない。「さあ、なにかを考えよう」といわれても、途方に暮れてしまう。ビジネスの市場環境分析においては、検討する事業の範囲を分析の前提として定めておく必要がある。それが「事業領域（事業ドメイン）」と呼ばれるものだ。

戦略思考を制約する前提の1つが戦略目標であった。それが量的な制約とすれば、事業領域は質的な制約である。

事業領域の定義の方法に決まりはないが、一般的には次のような表現の仕方がある。

「顧客グループ軸」：生活者を対象とする、小売業を顧客とする、など
「独自技術軸」：　　ケミカル事業、半導体事業、など
「顧客ニーズ軸」：　ビューティケア事業、ヒューマンヘルスケア事業、など

事業領域が広すぎる場合は、会社経営として資源が集中できずに、技術やノウハウが深まらない。逆に、事業領域が狭すぎる場合は、顧客の問題解決ができずに、成長の機会を逸してしまう。

事業領域の選定

戦略思考の前提である事業領域そのものを変える決断が、ビジネスの基本課題の5つ目である「事業領域の選定」である。ビジネスの究極の課題といってもよいであろう。三品和広氏は、『経

営戦略を問い直す』の中で、「(事業の)立地替え」は掛け値なしの難業であり、時間もかかります。であるがゆえに、戦略の核心となるのです」と述べている。立地替えとは、既存事業を維持したまま事業領域を拡大する多角化とは違い、事業領域そのものを変えてしまうことである。三品氏は、その例としてキヤノンを挙げている。キヤノンは、カメラを中心とした光学器械からプリンタ事業に軸足を転換し、今ではプリンタと複写機の複合機と事業領域(立地)を替え、大規模なグローバルメーカーに成長している。

　立地替えとは、アクセサリー販売会社がアパレルメーカーになったり(ワコール)、パッケージソフトの問屋が電話回線の事業者になったり(ソフトバンク)することである。立地替えは途方もないことであり、日常の仕事の中では思いも寄らないことであろう。それゆえに、立地替えは思考に乗ってくることはほとんどなく、いざというとき、あるいは立地替えの可能性があるときに機会を逸してしまう。

　立地替えは、ビジネスの基本課題として、頭の片隅でよいから常に意識されていなければならない。大災害の可能性をわずかでもよいから常に意識することで、いざというときの行動が取れるようになるのと同じである。

事業の拡散と絞り込み

　立地替え、すなわち新たな事業への転換は、ある日スイッチを切り替えるようにすぱっとなしうるものではない。そのためには、下記の検討が必要となる。

　1つは、既存事業を維持したまま事業範囲を広げる可能性の検

討である。具体的には、新事業に進出したり、準備室を組織化したりすることである。また、基礎研究に投資し、さまざまな製品開発のシーズをつくるといったことである。自前で広げるだけではなく、他社と組む、他社を買収するなどの手段もある。

　もう1つは、いかに領域を絞り込むかということである。限られたリソースを集中することで他社との競争を有利に運ぶことができる。ただし、事業を絞り込むには既存のビジネスを捨てなければならない。ある事業から撤退することで、そのリソースを転用する。たとえば人員を異動する、事業を人や資産ごと売却し、他のビジネスに投入する資金を得るといったことである。

　ビジネスの領域を拡大することは、リスクを低くすることになる。1つの事業が失敗しても他の事業でカバーできるからである。しかし、リソースを分散させることで、収益性を悪くする恐れがある。

　一方で、事業を絞り込むことはリスクを伴う意思決定である。リソースを集中させ、他のビジネスでの収益機会を捨てることである。潜在的な成長機会の芽を摘んでしまうことにもなりかねない。だから、絞り込む局面にこそ経営者の力量が現れる。ここまで何度も議論してきたように、敢えてリスクを取り、エネルギーを集中させて他社とは異なる成果を得ることがビジネスの真骨頂である。

事業領域をもとにした3Ｃ定義

　さて、定められた事業領域は、3Ｃ（顧客：Customer、競争相手：Competitor、自社：Company）の定義に具体化することで、市場環境分析が可能になる。

３Ｃは、定められた事業領域を受けて、より具体的にどのような範囲の集団を顧客とみなすか、その需要を獲得する上で競合する企業はどこか、自社のマネジメントがおよぶ範囲はどこか（自社単独か、関係会社や外部の取引業者を含むか）といったことである。特に、第８章「１　競争に関心を向ける」で記したとおり、競合企業の想定が重要である。市場環境分析の前に、これらのことを定義する必要がある。

３　SWOT分析で思考を広げる

市場環境分析の基本フレーム

　事業領域を踏まえ、３Ｃを定義した後に、その市場における「強み」「弱み」「機会」「脅威」を整理したものがSWOT分析と呼ばれる。それぞれの英語の頭文字（Strengths, Weaknesses, Opportunities, Threats）を取っている。SWOT分析の目的は、ターゲット需要の選定と競争優位の鍵の見極めである。

　世の中の環境をこの４つに整理することは、ビジネスパーソンの一般的な関心事に合致しており、市場環境分析の基本フレームといってよいであろう。しかし、あまりに単純なフレームなので分析の名に値しないと非難されることも多い。しかし、これはあくまで単なる枠であり、そこになにを記述するかが肝心で、枠が悪いわけではない。

　架空の自動車メーカーＡ社を例に考えてみる。まず前提となる事業領域と３Ｃを次のように定義する。

〈表9.1　事業領域と3C定義〉

事業領域	四輪自動車市場
顧　　客　（Customer）	新興国および先進国（日本・北米・欧州）
競争相手　（Competitor）	上位自動車メーカー、新興国メーカー
自　　社　（Company）	自社グループ（関連会社含む）

　その上でSWOTそれぞれを想定する。将来の需要拡大が見込まれる新興国では、排ガスの規制が厳しくなることが予想され、これを自社の「機会」と見ている。A社の排ガスを制御する技術は他社よりも優れており、いち早く規制に応じた製品を開発できると考えられるからである。したがって、「排ガス制御の技術」を「強み」とみなしている。

　一方で、新興国での販売競争はますます激しくなることが予想され、新興国メーカーの低価格攻勢を大きな「脅威」とみなしている。A社は、技術力には定評があるのだが、「製造コストの高さ」を「弱み」と感じている。

　このように、SWOT分析とは「環境認識の仕分け」である。これらをSWOTのフレームで記述すると以下のようになる。

〈表9.2　SWOT分析の例〉

強　み（S） 「排ガス制御の技術」	弱　み（W） 「製造コストの高さ」
機　会（O） 「新興国での排ガス規制の強化」	脅　威（T） 「競合企業の低価格製品」

「強み」と「弱み」

　「強み」「弱み」は自社の内部の事であるから、一般的に内的環境と呼ばれる。自社の現状に関し、競合他社との競争において有

利な状況をもたらすリソースが「強み」、不利なものが「弱み」である。

第8章で見たように、「強み」「弱み」は、何らかの策を実行するときに、あるレベルに到達できる時間の違いとみなすことができる。「強み」は何らかの策（代替案）を実行するときに、他社より早く実行できる基盤となるリソースのことである。逆に、「弱み」は、何らかの策（代替案）を実行するときに、他社よりも時間がかかる理由となるリソースのことである。

先の例では、「排ガス制御の技術」については、他社よりも製品開発において先んじることができ、「製造コストの高さ」については、低コストで操業できるオペレーション能力を築くまでに、他社よりも時間がかかることを示している。

〈表9.3 「強み」「弱み」の定義〉

強 み (S)	弱 み (W)
代替案を実行するときに、他社より早く実行できる基盤となるリソース	代替案を実行するときに、他社よりも時間がかかる理由となるリソース

「強み」「弱み」は、現在の状況について記述するので、具体的な事実の把握が重要である。「排ガス制御の技術」であれば、これまでの製品性能の比較、顧客評価、従事する研究者の組織体制などが裏づけになる。「製造コストの高さ」を課題とするのであれば、原価を構成する各要素について、他社との数値によるコスト比較が望まれる。

「機会」と「脅威」

「機会」「脅威」は、自社ではコントロールできない企業の外で発生する事象なので、外的環境と呼ばれる。自社に有利な環境変化が「機会」、不利なものが「脅威」である。

「機会」は、「需要の拡大」または「競合企業の弱体化」に関係する事項である。さらに、「需要の拡大」は、顧客の増加(例：人口の増加)と1顧客あたりの購買量の増加(例：所得の向上)に分けて考えることができる。先の例では、「新興国での排ガス規制の強化」により、需要の拡大が見込めることを挙げている。

「脅威」は、「需要の減少」または「競合企業の攻勢」に関係する事項である。さらに、「需要の減少」は、顧客の減少と1顧客あたりの購買量の減少に分けて考えることができる。先の例では、競合企業が「低価格製品」で攻勢をかけてくることを脅威としている。

〈表9.4 「機会」と「脅威」になりうるもの〉

機　会 (O)	脅　威 (T)
・需要の拡大 　顧客の増加 　1顧客あたりの購買量の増加 ・競合企業の弱体化	・需要の減少 　顧客の減少 　1顧客あたりの購買量の減少 ・競合企業の攻勢

「機会」「脅威」は将来時点のものを記述する。したがって、「強み」「弱み」が事実を踏まえるのに対し、これらはあくまで見通し(仮説)である。

クロスSWOT分析

SWOT分析で市場環境を整理し、それらの市場環境に対応し

たアイデア（＝戦略代替案）を導くフォーマットがクロスSWOT分析である。将来の「機会」「脅威」を想定したときに、現状の「強み」「弱み」を踏まえた代替案を創出する。

外的環境と内的環境を掛け合わせて、それらに対応する戦略代替案を記述する。それぞれのセルでは、次のような視点で代替案を検討する。

〈表9.5　クロスSWOT分析の例〉

	強み(S)「排ガス制御の技術」	弱み(W)「製造コストの高さ」
機会(O)「新興国での排ガス規制の強化」	【S×O】「排ガス規制に合致した製品を他社に先行して投入する」	【W×O】
脅威(T)「競合企業の低価格製品」	【S×T】	【W×T】新興国で需要が見込める価格帯で製品投入ができるように製造コストを低減する

〈表9.6　クロスSWOT分析の戦略代替案検討の視点〉

機会(O)×強み(S)	強みを生かして機会をものにする
機会(O)×弱み(W)	弱みを克服して機会をものにする 弱みのある領域の競争を避け、機会をものにする
脅威(T)×強み(S)	強みを生かして、脅威の影響を低減・排除する
脅威(T)×弱み(W)	弱みを克服して脅威を低減・排除する 最悪の結果を回避するように手を打つ

表9.5の例では、【強み(S)×機会(O)】として、「排ガス規制に合致した製品を他社に先行して投入する」、【弱み(W)×脅威

(T)】として、「新興国で需要が見込める価格帯で製品投入ができるように製造コストを低減する」というアイデアが出されたことが分かる。新興国での需要をターゲットとし、排ガスを制御する技術を磨くことが競争優位の鍵であることが導かれている。

市場環境認識と代替案の陳腐な関係

さて、これらのフォーマットを活用した実際の作業として、どのような言葉を書き込んだらよいであろうか。世の中に無数とある情報をどのように切り取るか。この作業は簡単ではない。

A社の例では、排ガスの環境規制が厳しくなるという事象を「機会」と捉えていた。しかし、場合によっては「脅威」とみなすこともあるだろう。その判断はどのようにすべきだろうか。

機会とは、自社にとって有利に働く外的な事象のことである。自社にとっての有利不利は自社のリソースに影響され、とりわけ「強み」はなにかということに依存する。排ガス規制の強化を機会とみなすかどうかは、排ガスを制御する技術があるかどうかにかかっている。他社よりも優れた技術を持っているからこそ、A社は規制の強化を「機会」とみなすことができたのである。

さらに、それを「機会」とみなすことは、それに対する対応策「排ガス規制に合致した製品を他社に先行して投入する」という策（代替案）を投入することが意識されているはずである。機会から代替案が導かれると同時に、想定された代替案から機会が導かれるという関係もあるのだ。

このように、「機会」と「強み」は互いに近しい関係を持った言葉であることが分かる。また、ある事象を機会と考えたり、ある能力を強みと考えたりするときには、何らかの代替案が隠れて

〈図9.2　機会・強み・代替案の相関関係〉

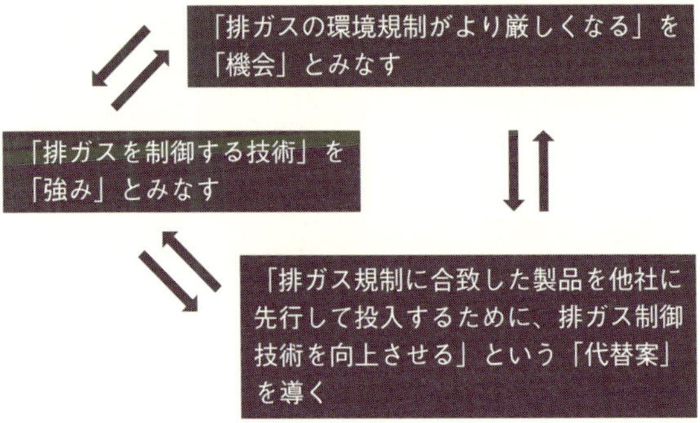

「排ガスの環境規制がより厳しくなる」を「機会」とみなす

「排ガスを制御する技術」を「強み」とみなす

「排ガス規制に合致した製品を他社に先行して投入するために、排ガス制御技術を向上させる」という「代替案」を導く

いるのである。排ガス規制が「機会」でありうるには、その規制に対応できる「強み」が前提であり、さらには排ガス規制に対応した製品をつくり、市場に出すところまでが想定されているはずである。

このように考えると、もともと「機会」「強み」「代替案」がセットになったアイデア（仮説）がないと、市場環境分析はできないことになる。これでは、既に考えていることをフォーマットに落としただけにすぎない。そもそもSWOT分析は、「機会」「脅威」「強み」「弱み」「代替案」を別々に考えて思考を広げることに意味があったはずだが、結局は考えていたことを確認しただけという、なんとも陳腐な思考に陥ってしまうのだ。

競争の視点で思考をチェックする

このような「思考の蛸壺」にはまらないために、SWOT分析を上手に活用することが必要になる。それは、1つのアイデアから他のアイデアを導くことである。

〈表9.7 修正されたクロスSWOT分析の例〉

	強 み (S) 「排ガス制御の技術」	弱 み (W) 「製造コストの高さ」 「デザイン力の欠如」
機 会 (O) 「新興国の購買力増大」 「新興国での排ガス規制の強化」	【S×O】 「排ガス規制に合致した製品を他社に先行して投入する」	【W×O】 「デザインスタッフを増強し、デザインに優れた製品を投入する」
脅 威 (T) 「競合企業の低価格製品」	【S×T】	【W×T】 新興国で需要が見込める価格帯で製品投入ができるように製造コストを低減する

　各要素の安易な関連づけを疑い、アイデアを広げていく。そこで意識すべきことは、今考えていることについて「本当にそうか？」と疑うことである。そこから「他のアイデアはないか？」という発想の拡大につなげる。ポイントは、将来の競争を想像し、そこから他のアイデアの可能性を検討することである。

　たとえば、「技術力がある」ことを「強み」と認識している場合、他社よりも売上が多い、他社より高いスペックの製品を設計・製造することができる、などのこれまでの実績をもとにそう考えているはずである。それを安易に「強み」とするのではなく、「それらが将来の競争において、有利にことを運べる理由になるのか？」という視点で吟味する必要があるのである。

　そのためには、将来時点でどのような競争になるかについての想像が必要である。市場環境分析は、ターゲットとする需要を定めた後に、どのような競争になるかを想定し、その上で競争を優

3　SWOT分析で思考を広げる　203

位に導く策を検討するものだ。先の事例では、新興国において、環境対応を軸とした競争となるのか、あるいはデザインによる競争なのか、とにかく低価格の競争になるのかなどを考慮しなければならない。

たとえば、技術に劣る新興国メーカーがデザインを前面に出した製品を投入すると予想されるとしよう。他社もそれに追随し、デザインの競争になると想定された場合、「技術力」は必ずしも強みではなくなる。もし製品デザインが他社よりも劣っていると認識するなら、「製品デザイン力」を「弱み」として認識すべきであり、SWOTのフレームに記述すべきことが追加される。

さらに、デザインが争点になるのは新興国市場であり、その需要を獲得するためにデザインスタッフを増強するなどの対策を講じる意図がある場合、新興国の購買力が大きいことを「機会」としてみなしていることに気がつく。

これらのことを先に記述したクロスSWOTに追記すると、**表9.7**のようになる。

このように、発想を広げ、代替案を拡大することができる。また、「新興国の購買力増大」のように、暗黙のうちに前提としていた環境認識を明らかにすることで、自分がどのように思考しているのかを整理することができる。

自社のフィルターをはずす

「機会」「脅威」「強み」「弱み」という整理は、自社にとっての有利・不利を踏まえた整理だから、自社のフィルターを通した環境認識ということができる。「考えていることしか考えられない」という思考の蛸壺から抜け出るには、いったんそこから離れ

ることである。そうはいっても、なかなか習慣的な思考から離れることはできない。マーケティング思考で述べたように、地球を外から眺めることは想像の世界でしかできない。

　自社のフィルターや思い込みから離れるには、まず将来の顧客の振舞と、その顧客に対する競合他社の対応策を先に考えることである。競合企業の立場に立った場合、彼らがどのような市場環境分析を行い、どのような手を打ってくると想像できるか。彼らは自身の強みをどのように考え、どのような環境変化を機会ととらえ、どのようなリソースを形成していくか。まずそのようなシーンをイメージし、そこから自社がすべきことを検討するという手順を取るのが賢明である。

　初めから自社に有利な機会を探しに行ったり、強みを手がかりにしたりすると、これまでの思考の呪縛にとらわれ、うまく発想を広げることができなくなる。競合他社の身になって将来を考える、これが市場環境分析のポイントである。

4　戦略思考を磨く

企業価値を向上させる代替案を選ぶ

　市場環境分析で代替案を創出した後、その中から実行に移すものを選び、戦略方針とする。

　多くの代替案から方針とすべきものを選び取る、これが経営トップに課された最大の使命といってもよいであろう。なにせ将来のことなので、不確実性の極致ともいえる意思決定である。では、どのように方針とする代替案を選べばよいだろうか。

　代替案の選定基準の原則は、会計思考で見たように、企業価値

により貢献するものを選ぶということである。正味現在価値（NPV）や内部収益率（IRR）などが代表的な基準となる。このような判断基準で判断するには、代替案の収益期待を数値化することが不可欠になる。とはいえ、数値の根拠は不確実なので、第1章の「4　ローリスク・ハイリターンを追求する」で見たように、アイデアが採択されるような知恵をいかに出すことが重要になる。意思決定は「数字とアイデアの知恵比べ」であり、最終的にはリーダーの「勘」に委ねられる。

　方針として採択された戦略代替案は、抽象性の高い漠然とした表現にとどまっているはずなので、行動に移せる具体的な案に落とす。先の例に見た「排ガス規制に合致した製品を他社に先行して投入する」といった内容を具体化し、行動計画を立てる。ドラッカー氏の言葉にあったように、「今すべきこと」に落とし込まれて、初めて机上の空論から希望に進化する。そして、今後市場環境に変化が生じたときに臨機応変に行動が修正できるように、継続して市場環境分析を行っていく必要がある。

「強み」を活かした方がリスクは少ない

　さて、企業価値に貢献する代替案とは、将来の成果が大きいものになる。したがって、第1章の「3　意思決定の判断基準を知る」でも指摘したように、正味現在価値（NPV）の高い大きな需要を狙った代替案が高く評価されることになる。

　では、常にそのような大がかりな代替案が望ましいかというと、もちろんそんなことはありえない。当然ながら「本当にできるの？」というリスクを考慮しなければならないからである。戦略とは、ビジョンや目標と違い、「こうすればできる」ということ

の表明であることを第7章で記した。まさにリスクを吟味することが、戦略思考に欠かせない要素なのである。

ここで、リスクをどのように考えるかという会計思考の議論に立ち返る。他社がリスクとみなすことでも、自社には何らかの知識・経験があって相対的にリスクが低い領域で勝負することが高収益の鍵だった。現在持っているそのような能力こそ、SWOT分析で検討された「強み」である。SWOT分析で区分された「強み」と「弱み」は、代替案を実行する際のリスクの差を示したものと考えてよいであろう。

したがって、リスクを勘案すると「強み」に根差した代替案に必ず軍配が上がる。「強み」を活用した代替案こそが、他社よりも早く必要なレベルに到達することができ、それだけリスクが少なくなるからである。「強み」を活用し、リスクが低い代替案を選択し、その結果さらに強み（＝競争力）を厚くする、このようなサイクルを回すことができれば、企業価値は確実に上がっていくであろう。

「弱み」をいかに克服するか

多くの企業で自社の競争力を定義している。「コア技術は粘着技術」「地方のニーズにきめ細かく対応した製品開発力」などである。これらの強みを基軸として将来の希望を描き、現在のマーケティングや効率性向上の活動を行う。

「強み」から考えるという発想は、思考の範囲を限定して活動を集中させる効果がある。しかし、そのことがときとして視野を狭くすることにもつながる。「強み」はひとたび組織として認識されると、それにこだわるようになる。先に述べたように、習慣

的に「強み」として語られている言葉から逃れることができずに、発想が陳腐になってしまう恐れがある。

　しかし、戦略思考は、将来に向けた競争力の蓄積を主たる目的にした思考だから、時間のかかるテーマ、すなわち現在は「弱い」ポジションにあるものをいかに引き上げていくかにも意識を向けなければいけない。強みに安住するのではなく、弱みに目を向け、いかに克服するかということも検討しなければならない。

　こう考えると、クロスSWOT分析の「機会×弱み」の象限に、新たなビジネスの可能性が宿っているということができる。今は劣勢にあるが、早く手を打つことで、将来的には有利なポジションに位置することを画策する。もちろん、その実行過程にはリスクがあるが、「強み」に安住することなく、「弱み」の殻を破っていく行動も必要である。

　ただし、単に「弱み」を平均値レベルに改善することでは不十分である。それが機会をものにするための重要なリソースであれば、「弱み」を「強み」とするような思い切った取り組みが必要である。たとえば、自動車の「デザイン」が将来の競争の鍵を握ると考え、そのためのリソースが欠如しているとすれば、先行する他社を凌駕するデザイン体制とはどのようなものかを検討しなければならない。

戦略代替案のさらなるブラッシュアップ

　本章の最後に、戦略方針として採用されつつある戦略代替案のさらなるブラッシュアップ方法を示す。それには次の2つの視点がある。1つは、その戦略代替案は「本当にできるのか？」である。もっとリスクを低くして期待収益を確実にする方法の探索で

ある。もう1つは「もっと成果を大きくする方法はないか？」である。もっとリスクを取って期待収益を増大するアイデアの探索である。私たちは、これらの問いかけを自問自答しなければならない。

　以下は、戦略代替案に新たな視点を提供する質問の一例である。

〈本当にできるのか〉
- この構想の正否を決める外的環境と内的環境を挙げよ。それに対する対応策は十分か。
- 想定している外的環境の中で最も不確定なものはなにか。それに対する対応策は十分か。
- この構想の中で最も難しいプロセスはどこか。それを回避するような他のやり方はないか。

〈もっと成果を大きくする方法はないか〉
- 一度検討したが、途中で棄却したアイデアを挙げよ。どのような条件なら、そのアイデアを再度検討することが可能だろうか。
- 構想の中で、他人と見解が異なるであろうことを挙げよ。その見解の違いはどこに争点があるのか。
- もし○○（リソース）が手に入ったら、劇的に戦略が変わる。○○はなにか、どのように戦略が変わるかを示せ。（○○は現存する具体的なもの。「画期的新技術が手に入れば」はダメ）
- 上記の○○を入手する手段を考えよ。
- 上記の○○がなくても、その修正された戦略が可能となる代替構想を考えよ。

第9章のまとめノート

✓ 市場環境分析のフレームワーク
　　事業領域
　　SWOT分析、クロスSWOT分析
　　思考の蛸壺に入らないように競争から考える

✓ 戦略方針の決定
　　会計的な意思決定基準

✓ 戦略代替案を磨く
　　本当にできるのか？
　　もっと成果を大きくする方法はないのか？

おわりに──思考と行動のスピードを上げよ

3つの思考のつながり

ここまで、会計思考、マーケティング思考、戦略思考と3つの思考を見てきた。「はじめに」でも触れたように、3つの思考は目指す成果の時点において違いがあり、それぞれが重なり合うことで企業価値の向上に結びつく。

〈図10.1　3つの思考が目指す成果の時間的な違い（再掲）〉

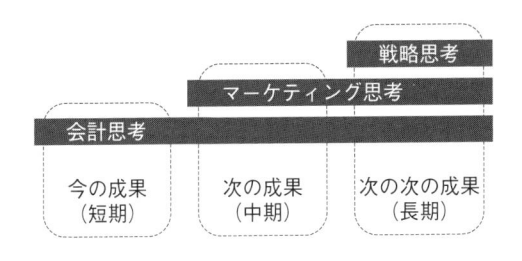

企業価値向上に向かう感覚を研ぎ澄ます会計思考。次の成果に向けて顧客に対する洞察を磨くマーケティング思考。次の次の成果に向けたリソース形成を判断する戦略思考。この発想の順番を踏まえ、バランスよく思考することが「ビジネスの文法」である。

3つの思考の矛盾

一方で、3つの思考は互いに矛盾するところもある。以下は、それぞれの思考を一対で比較したときに浮かび上がる矛盾点であり、矛盾があるがゆえに浮かび上がる思考の特徴である。

○会計思考 vs. 戦略思考：短期志向 vs. 長期志向

時間軸の違いは、会計思考と戦略思考の間に顕著に表れる。会計思考では、お金の利回りを考えると成果ができるだけ早く出るビジネスが好ましい。遠い将来の利益は大きく割り引かれて現在価値に換算されるからだ。

戦略思考は、短期的な成果を犠牲にしてでも将来のためにお金を使う思考である。短期的な成果と長期的な成果は基本的にトレードオフ関係にある。たとえば、長期的な成果を目指す研究開発費は、短期の成果においてはマイナスの影響を与える。

また、戦略思考には強い目標意識が必要であることを先に記した。目標意識、志、ビジョンといったものが戦略思考を後押しする。これらの思いは、ときに短期的な成果獲得を身上とする「実務化肌」の人と摩擦が起きる。ビジョナリーなロマンチストと、着実に短期的な成果を上げる実務家の両者の側面がビジネスパーソンに求められるのだ。

○会計思考 vs. マーケティング思考：機動性 vs. 標準化

会計思考とマーケティング思考の大きな相違点はなんだろうか。マーケティング思考は、顧客に視点を置き、顧客の望みに機敏に対応することを促す。顧客の望みは主観的で気まぐれであり、プロとしての売り手の常識やセオリーを超えることが往々にしてある。経験や専門知識による判断はときに無意味になり、顧客の望みに適応するように活動を修正し続けなければならない。

これと会計思考は対照的である。ビジネスの収益性を向上させるためには、活動の標準化が望ましいからだ。同じ仕事を繰り返すことによる習熟の効果、すなわち経験効果による生産性向上が

望ましいのだ。ここでは、機敏な工夫よりも、安定的でミスのないオペレーションが奨励される。部分的に効果がある個人の創意工夫よりも、組織全体としてミスをしない、定められた手続きによる管理が優先される。

　顧客の突然の注文変更に不満の声を上げる製造部門や物流部門、コストダウン要請から行われる製品バリエーション削減に対する営業部門の抵抗など、会計思考とマーケティング思考のコンフリクトはいたるところに見られる。これらの矛盾をどのレベルで折り合いをつけるのかが、ビジネスの意思決定の重要な課題である。

〇マーケティング思考 vs. 戦略思考
　：組織外部への適応 vs. 組織内部の秩序
　マーケティング思考は、顧客の望みに適応する思考である。そこには競合企業のプレッシャーが常にあり、常に売上という買い手の「投票」にさらされている。マーケティング思考は、外部環境への適応が優先である。一瞬たりとも気が抜けないマーケティング思考は、組織に疲弊感をもたらす原因になる。

　戦略思考は、組織の希望をつくる。元来、ビジネスの将来は不確実なものである。不確実さの根源は顧客（需要）の変化であり、その不確実さを克服するための思考が戦略思考である。独りよがりのシナリオに陥らないために、外部環境と適合するように市場環境分析を行うわけだが、その根底には組織内部者の思いや志がある。したがって、マーケティング思考の意識は根本的に外に向かうのに対し、戦略思考は組織の内側に意識が向かう。もちろん、その架け橋になるのが優れた戦略思考であり、そのために市場環境分析が必要になる。

〈図10.2　3つの思考の相関図〉

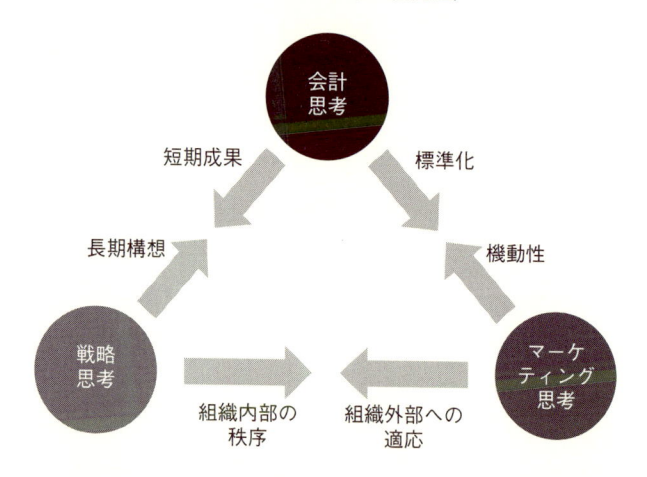

　このように、3つの思考は互いに相反するベクトルを持つ。したがって、これらのバランスを見極めることこそがリーダーの大きな役割である。バランスを取るだけでなく、互いに矛盾した各組織の要請を踏まえ、それらを「弁証法的」に解決する新たなアイデアを出すことがリーダーには求められる。

　しかし、人間だれでもなにかしらの思考のくせを持っている。自分が3つの思考のどのあたりに位置するかを考え、バランスの取れた思考を心がけてほしい。リーダーだけではなく、あらゆるビジネスパーソンにそのような矛盾を解決する、大局観を持った思考が求められているのである。

思考と行動のスピードが要求される

　最後に、3つの思考の共通点を整理する。

○リスク認識の差が利益を生む

　会計思考では、ビジネスにおける利益の源泉は他社との「リスク認識の違い」によると記した。お金の論理の基本原則は「ハイリスク・ハイリターン」である。リスクの高い金融商品（新興企業の株式など）は高いリターンが要求される。リスクが高く、失敗する確率も高いが、うまくいけば高いリターンが期待できる。逆に、リターンが低くてもよければ、お金を銀行に預けることで元金を失うリスクは回避できる。

　ビジネスは、このリスクとリターンの切っても切れない相関関係を壊すことに意味がある。ビジネスは、人と違ったことをしなければ利益が期待できないが、それはリスクの高い分野に進出するということである。たとえば、耐久性と微細な加工精度が同時に要求される航空機の部品供給は、一度採用されると大きな利益を手にすることができる。しかし、一般的な技術しか持たない企業、そのような経験のない企業にとっては大きなリスクである。高い利益を得るためには、実行が難しく、他社では容易にできない領域に踏み込むことが必要なのだ。

　また、そのようなリスクが高い領域に進出した企業は、参入を見送った企業ほどのリスクは感じていないはずである。だからこそ参入したのであり、そのようなリスク認識の差が利益を生むのである。

　この他社とのリスク認識の差で違いをつくるという営みは、マーケティング思考においては差別化という言葉で表現される。売れる仕組みであるマーケティング施策（4P）を検討する上で、いかに他社と差別化するかがポイントであった。他社は躊躇するが、自社は踏み込んでいけるマーケティング施策の投入が高い価

格設定を許し、利益の拡大につながるのだ。

 また、戦略思考で示される競争優位も、このリスク認識の違いをもたらす力と言い換えることができる。コア技術やオペレーション能力といった競争優位は、他社が容易に模倣できない組織の力である。言い換えれば、マーケティング活動での差別化を可能とするリソースが競争優位である。

 このように、成果に結びつくそれぞれの思考のポイントを、リスク認識の差として統一的に理解することが可能である。

○スピードはリスクを克服する

 では、他社とのリスク認識差をもたらす根源的なものはなんだろうか。3つの思考に共通する、ビジネスにおいて心得るべき基本的な力はなんだろうか。筆者は、それは思考と行動のスピードであると考える。

 そもそも、会計思考では、早く成果が出るアイデアが好ましいものと評価される。「早い」成果、それをもたらす「速い」行動、これらが求められるのだ。これは、戦略思考で議論した競争優位の定義そのものである。競合他社よりも、顧客が求める水準の活動に「早く到達できる」こと、それをもたらす「速い意思決定・行動」が競争優位と考えることができることを述べた。また、マーケティング思考では、顧客に視点を置き、そこで価値を発見してからの判断と行動のスピードが重要であった。そのスピードが速ければ、顧客の望む価値に応じたマーケティング施策が展開できるチャンスが増えるのだ。

 以上のように、思考と実行のスピードは、これまで見てきた3つの思考が共通して求めているものであり、ビジネスの力の中心

に位置するものということができる。ビジネスにおいて、思考と行動のスピードは絶対的に善なのである。

　本書を通じ、どんな時代になっても揺らぐことのない、「ビジネスの文法」を記してきた。その文法から導かれる教訓を1つ挙げるとすれば、このことである。思考と行動のスピードを上げる努力が、ビジネスの未来を拓いていくのである。

参考図書

ビジネス思考について、より深く考えるための代表的な書籍を紹介する。

思考全般

津田久資『世界一わかりやすいロジカルシンキングの授業』中経出版、2012年

　考えることの根本である論理的思考を分かりやすく解説した本。通り一遍の解説書ではなく、どのように思考すればよいかを懇切丁寧に記している。

玄田有史『希望のつくり方』岩波新書、2010年

　ビジネス活動の原動力は将来へ向けた希望である。希望というものをさまざまな角度からとらえ、人が頑張るとはどういうことかを考えさせる。

経営全般

P. F. ドラッカー『〔エッセンシャル版〕マネジメント』ダイヤモンド社、2001年

　大著『マネジメント』のエッセンスを抜き出したもの。歯切れのよい印象的な言葉でビジネスの思想が語られている。

加護野忠男『経営の精神　我々が捨ててしまったものは何か』生産性出版、2010年

　日本企業が元気を取り戻すための基本的な心構えを、「市民精神」「企業精神」「営利精神」の3つから説明している。

遠藤功『企業経営入門』日経文庫、2005年

　ビジネスに関する基本用語を網羅的に見渡すことができる。

会計思考

稲盛和夫『稲盛和夫の実学――経営と会計』日本経済新聞社、1998 年

　京セラを創業し、JAL を再生させた"経営の神様"による「経営のための会計学」の本。その思いは「会計がわからんで経営ができるか」というフレーズに現れている。

石島洋一『〔IFRS 対応版〕これでわかった！決算書』PHP ビジネス新書、2011 年

　貸借対照表、損益計算書について分かりやすく、かつ深く考えることができる。

グロービス経営大学院編『〔新版〕グロービス MBA ファイナンス』ダイヤモンド社、2009 年

　やや専門的だが、ファイナンスについて分かりやすく書かれたもの。読み通すのは大変だが、お金から見た世界観を知ることができる。

マーケティング

パコ・アンダーヒル『なぜこの店で買ってしまうのか――ショッピングの科学』早川書房、2001 年

　顧客への視線の向け方を見事に記述している。小売業以外の人にも、顧客の行動を微細に読み取るセンスを感じてほしい。

石井淳蔵『マーケティングを学ぶ』ちくま新書、2010 年

　豊富な具体的事例を通して、マーケティングの考え方、活動の取り組み方を解説している。

戦略思考

沼上幹『経営戦略の思考法』日本経済新聞出版社、2009 年

　経営戦略の理論そのものではなく、その思考法に焦点を当てたもの。さまざまな戦略論を概観することもできる。

三品和広『経営戦略を問い直す』ちくま新書、2006 年

戦略は簡単にできるわけではない。戦略の"大量生産"に警鐘を鳴らし、「戦略は人に宿る」ことを主張する。

加護野忠男『＜競争優位＞のシステム』PHP新書、1999年
　情報技術の発達を背景に、製品の競争から事業システムの競争に焦点が移っていることを示した書。

小川進『ディマンド・チェーン経営――流通業の新ビジネスモデル』日本
　　経済新聞社、2000年
　優れた流通企業は、いかに店舗や顧客の知識を組織全体に還流させ、活用する仕組みを築いているか。流通企業のみならず、あらゆるビジネスの仕組みを考える参考となる。

あとがき

　筆者が最初に勤めた会社には、一般社員から新たな事業アイデアを募る制度があった。筆者も何回か提案を出したが、まったく箸にも棒にも引っかからなかった。不満に思い、提案制度の事務局に行ってどこがだめなのか、提案が通るようにするにはどのように記述すればよいのかを尋ねた。残念ながら、事務局の担当者も要領を得ない回答で、結局分からずじまいだった。

　これは20代の筆者にとって、とても大事なことだった。なぜなら、その会社に入ったそもそものきっかけは新規事業をやりたかったからである。そのときから、ビジネスを構想する、あるいは経営をするとはどういうことなのかを考え始めた。

　提案制度とは別に、その当時の会社は次々と新規事業を展開していった。本業に近いものもあり、まったく関係のないものもあった。人事部に所属していた筆者は、生まれたばかりのビジネスを広報活動の前面に出し、バブル期の激烈な人材獲得競争の陣頭に立っていた。

　しかし、それらの新規事業は、結果的にことごとく失敗した。立ち上げて数年のうちにほぼ撤退した。ビジネスの恐ろしさとともに、ではどうすればよかったのかという、経営に対する関心がますます高まっていった。

　30歳のときに思い切って会社を辞め、ビジネスを学ぶために大学院に入学した。当時、国内の大学ではまだ珍しかったいわゆるMBAコースである。

それは楽しい日々だった。混沌としたビジネスがシンプルな概念で整理されていく。考える軸を学び、新たなアイデアの手がかりを得る。ビジネスに対し、とことん深く理論化しようとした先人がいることへの驚き。指導いただく先生方の圧倒的な知識量。実際のところ、初めて勉強というものが楽しいと感じた瞬間だった。自分でお金を払い、講義のひと言も漏らすまいと一番前に座った。

バブル経済が破たんし、不景気の波が押し寄せていたが、80年代までの日本企業の強さが次々と理論化されていた時代だった。パソコンが個人にも普及し始め、携帯電話やパソコン通信が登場し、ビジネスの仕組みが大きく変わっていく気配に満ちていた。確かな知識を身につけてビジネスに挑むことに、大きな希望を感じていた。

大学院を修了し、ビジネスの世界に戻った。コンサルタントという新たな職業に就き、組織の外部から経営をサポートする立場になり、大学院で得た知識を実際のビジネスに適用していった。もちろん、それらは大いに役立ったが、その一方でいろいろと難しいことがあることに気がついた。

たとえば、経営全体を議論する場であっても、専門分野を担当する役員間の意思疎通が難しいことである。技術担当役員は技術の立場からのみ語り、収益については踏み込まない。財務担当役員はマーケティング施策に関心を持たず、結果だけを要求する。意見の不一致というよりも、自分の立場からの一般演説に終始し、重要な決定は常にトップに委ねられる。

そのような経験を通じ、専門分野の深い知識と併せて、そもそもビジネスを考える思考のインフラのようなものが必要なのでは

ないかと考えるようになった。限られた人が専門的な知識を学ぶだけでなく、すべてのビジネスパーソンが最低限のフレームワークを身につけ、ビジネスの思考とコミュニケーションの基礎をつくる。そのフレームワークを基に議論を重ね、チームとしての方向を決めていく。

　結局のところ、ビジネスはチームワークの勝負である。どんな事業でも、その着想や思い自体に非があるわけではない。その構想をビジネスとして成立させるチームの努力の問題なのだ。筆者が20代で目にした新規事業の失敗も、そこに理由があった。

　志のエネルギーをビジネスのフレームに則った企画に転換すること、顧客や競争の状況に合わせ、実行過程で修正を繰り返すこと。そのためのビジネスの基本的なフレームワークをできるだけ少ない労力でインプットすること、これが本書の狙いである。

　本書の内容は、筆者が出会ったすべてのビジネスパーソン、研究者、さらには書物から学んだことをコンパクトに編集したものであり、謝辞はそれらすべての方々に向けられるべきものである。とりわけ、神戸大学大学院で指導いただいた加護野忠男名誉教授およびゼミの同僚とのディスカッションが筆者のビジネス思考の原点になっているのは間違いない。また、本書の発刊にあたり、萌書房の白石徳浩氏には筆者の多くのわがままを聞き入れていただいた。併せて、心より感謝申しあげます。

　2013年9月

杉田　英樹

人名・企業名・製品名索引

Bally　86
NEC　178
YouTube　145
秋元康　137
イケア　119
ヴァージングループ　13
小川進　181
加護野忠男　94, 182
カルロス・ゴーン　153
キヤノン　194
玄田有史　166
ジョン・レノン　170

スティーブンソン　188
セブン‐イレブン　181
ソフトバンク　194
ドラッカー　85, 90, 152
日産自動車　153, 158
ホンダ　178
マッカーシー　88
松本隆　136
三品和広　190, 193
リチャード・ブランソン　13
ワコール　185, 194

事項索引

数字・アルファベット

3C　14, 195, 197
3つの時間軸　6
4C　95
4P　88
AIDMA　111
AISAS　112
B/S　59
C/F　43
IRR　33
NPV　25
P/L　64
PR活動　113
ROA　58, 69, 161

SNS　114
SWOT分析　196

あ　行

粗利　66, 91
イノベーション　186
今の成果　6
インストールベース型モデル　123
受取手形　61
売上　46, 65, 80
売上原価　65, 90
売上総利益　66, 90
売上高営業利益率　72
売上高経常利益率　70, 73

売上高原価率　　71
売上高総利益率　　66, 71, 91
売上高販管費率　　72
売掛金　　61
売れる仕組み　　82, 87
営業外収益・費用　　66, 73
営業外損益　　73
営業利益　　66, 72
オーバーエクステンション　　170
オペレーション能力　　180

か 行

会計情報　　42, 57, 90, 161
回収期間法　　31
外的環境　　199
価格（4P）　　88, 90, 114
仮説検証型（リサーチ）　　141
仮説探索型（リサーチ）　　141
価値と価格の天秤　　93
金儲け　　13
株主　　13, 49, 51, 64
株主総会　　49
借入金　　49, 66
勘　　206
間接流通　　121
機会（SWOT 分析）　　199
企業価値　　17, 30, 44, 45, 57, 205
逆算化傾向　39
キャッシュフロー　　43, 45
脅威（SWOT 分析）　　199
競争のルール　　123
競争優位　　46, 156, 157, 160, 161, 174, 177, 216
銀行　　50, 54
近視眼　　35
クロス SWOT 分析　　199

経営理念　　158
経験効果　　74
経常利益　　68, 70, 73
決算　　17
減価償却費　　66
研究開発費　　90
現金及び預金　　60
現在価値　　19, 25
原材料費　　71
コア技術　　178
コア競争力　　178
広告活動　　113
広告宣伝費　　91
購買経験　　142
購買プロセス　　111
購買モデル　　111
強欲資本主義　　107
顧客　　84
顧客価値（4C）　　95, 105
顧客ターゲット　　98, 131
志　　22, 168
コストダウン　　45, 70
固定資産　　61
固定費　　73
固定負債　　64
コミュニケーション（4C）　　95, 109
ご用聞き営業　　120
コンセプト　　98

さ 行

在庫　　61, 75
財務基盤　　45, 48
差別化　　101, 107, 125, 186, 215
シェア　　81
事業システム　　182

事業領域　46, 193
資金調達　48
思考の蛸壺　202
自己資本　49
資産　59
市場環境分析　169, 191, 196
市場規模　81
資本金　49, 64
資本コスト　29, 35, 50
資本剰余金　64
社会貢献　15
社債　49
収益性　45, 57, 69
純資産　64
正味現在価値　25
人的販売　113
浸透価格　117
信用　50, 55
スピード　45, 145, 164, 216
生産性　71, 74
製造原価　66, 90
製造原価明細書　90
税引前当期純利益　68
製品（4P）　88, 90, 104
製品（棚卸資産）　61
セールス・プロモーション　113
セールストーク　110
セグメンテーション　131
セリング　89
戦略　157
戦略代替案　189, 191, 199, 208
戦略方針　191, 192, 205
戦略目標　156, 167
増資　49, 51
総資産　60
総資本回転率　69, 74

総資本利益率　58, 69, 161
損益計算書　64

た　行

ターゲット需要　156, 172, 191
ターゲティング　98, 130
貸借対照表　59, 162
代替案（顧客）　106, 112
ダイレクトマーケティング　122
『宝島』　188
棚卸資産　61
短期志向　29, 35, 212
地動説　138
長期志向　212
直接流通　91, 122
次の成果　5, 82
次の次の成果　6, 157
強み　184, 197, 206
デフレ　117
テレビショッピング　114
転換社債　49
天動説　138
当期純利益　68
倒産　53
投資　23, 160
投資意思決定　23
投資家　163
投資有価証券　61
独占禁止法　108

な　行

内的環境　197
内部収益率　33
内部留保　48, 64, 68
ネット通販　120

索　引　229

は 行

ハードルレート　34
ハイリスク・ハイリターン　215
バランスシート　59
バリューチェーン　122, 183, 186
販売促進（4P）　88, 91, 109
販売費・一般管理費　66, 72
ビジネス　10
ビジネスの文法　8, 211, 217
ビジネスモデル　124
ビジョン　159
費用　23
費用（4C）　95
標準化　74, 212
ファストファッション　144
負債　49, 64
ブランド　86
ペルソナマーケティング　135
弁証法　214
法人税等　68
ポートフォリオ　163
ポジショニング　108

ま 行

マーケティング　83
マーケティング施策　88
マーケティングの骨格　98
マーケティングミックス　88
マーケティングリサーチ　140
マニュアル化　74
マネジメント　4, 180, 182

や 行

約束手形　54
予算　16
与信　61
弱み　197, 208

ら 行

利益剰余金　64
利益予測　24
リスク　36, 38, 52, 125, 163, 195, 206, 215
リソース　152, 164
利便性（4C）　96, 118
利回り　34, 37, 58
流通（4P）　88, 91, 118
流動資産　60
流動負債　64
労務費　71
ローリスク・ハイリターン　38

わ 行

割引率　20, 25, 29, 33, 53

■著者略歴

杉田英樹（すぎた ひでき）

ゼータコンサルティング株式会社代表取締役。
一橋大学経済学部卒、神戸大学大学院経営学研究科博士課程前期課程修了。
1986年、株式会社ワコール入社。人事部および量販店担当営業部門を経験。
1994年に退社し、神戸大学大学院MBAコースに入学。
1995年より経営コンサルティングに従事。製品開発や新規事業開発などのプロジェクトを多数経験。
1997年より独立系コンサルティングファームの代表取締役に就任。
2006年にゼータコンサルティング株式会社設立。顧客に向けたマーケティング（エクスターナル・マーケティング）とチームマネジメント（インターナル・マーケティング）の「2つのマーケティング」の支援サービスを行っている。エネルギー、鉄道、鉄鋼、住宅設備、食品、アパレルなど、さまざまな業種のコンサルティングや研修講師経験を持つ。
著書に『企業における「成功する新規事業開発」育成マニュアル』共著、日本能率協会総合研究所（2005年）など。

連絡先　info@zeta-consulting.jp

ビジネスの文法──会計、マーケティング、そして戦略

2013年10月5日　初版第1刷発行

著　者　杉田英樹
発行者　白石徳浩
発行所　有限会社 萌書房（きざす）
　　　　〒630-1242　奈良市大柳生町3619-1
　　　　TEL（0742）93-2234／FAX 93-2235
　　　　［URL］http://www3.kcn.ne.jp/~kizasu-s
　　　　振替　00940-7-53629
装　幀　岩　賢俊
印刷・製本　共同印刷工業・藤沢製本

© Hideki SUGITA, 2013　　　　　　　　　Printed in Japan

ISBN978-4-86065-079-7